地方財政の状況

令和6年3月

総 務 省 編

目 次

1
2
3

目 次

目次

第3部　最近の地方財政をめぐる諸課題への対応

用語の説明

図 表 索 引

第1部 令和4年度の地方財政の状況

1 地方財政の役割

2 地方財政の概況

3　地方財源の状況

4　地方経費の内容

5 地方経費の構造

6 一部事務組合等の状況

7 公営企業等の状況

8　東日本大震災の影響

9　健全化判断比率等の状況

10　市町村の団体区分別財政状況

第2部　令和5年度及び令和6年度の地方財政

1　令和5年度の地方財政

2　令和6年度の地方財政

第3部　最近の地方財政をめぐる諸課題への対応

6　社会保障の充実

7　財政マネジメントの強化

8　地方行政をめぐる動向と地方分権改革の推進

はじめに

　本報告は、「地方財政法」（昭和23年法律第109号）第30条の2第1項の規定に基づき、内閣が、地方財政の状況を明らかにして国会に報告するものであり、以下の3部から構成されている。

　第1部では、令和4年度の地方財政について、地方財政状況調査等に基づき、決算収支、歳入、歳出等を分析するとともに、令和4年度決算に基づく健全化判断比率等の状況等を明らかにしている。

　第2部では、令和5年度及び令和6年度の地方財政の動向について取りまとめている。

　第3部では、最近の地方財政をめぐる諸課題への対応について取りまとめている。

・各項目についての計数は、表示単位未満を四捨五入したものである。したがって、その内訳は合計と一致しない場合がある。
・（＊）を付記した用語は、「用語の説明」に定義を記載している。
・提出された法律案、検討状況等については、特に断りがない限り、令和6年2月末の状況を基に記述している。
・各項目の詳細な計数等は、関連資料集に集録してある（以下のURL又は二次元バーコード参照）。

総務省ホームページ・白書
https://www.soumu.go.jp/menu_seisaku/hakusyo/index.html

1

第1部
令和4年度の地方財政の状況

1 地方財政の役割

地方公共団体は、その自然的・歴史的条件、産業構造、人口規模等がそれぞれ異なっており、これに応じて様々な行政活動を行っている。

地方財政は、このような地方公共団体の行政活動を支えている個々の地方公共団体の財政の集合であり、国の財政と密接な関係を保ちながら、国民経済及び国民生活上、大きな役割を担っている。

(1) 国・地方を通じた財政支出の状況

国・地方を通じた財政支出について、令和4年度の国（一般会計及び6つの特別会計 *1 の純計）と地方（普通会計（*））の歳出純計額は208兆4,364億円で、前年度と比べると、社会保障関係費、産業経済費の減少等により、5.2%減となっている。

目的別歳出純計額の構成比の推移は、**第1図**のとおりである。

第1図　国・地方を通じた目的別歳出純計額構成比の推移

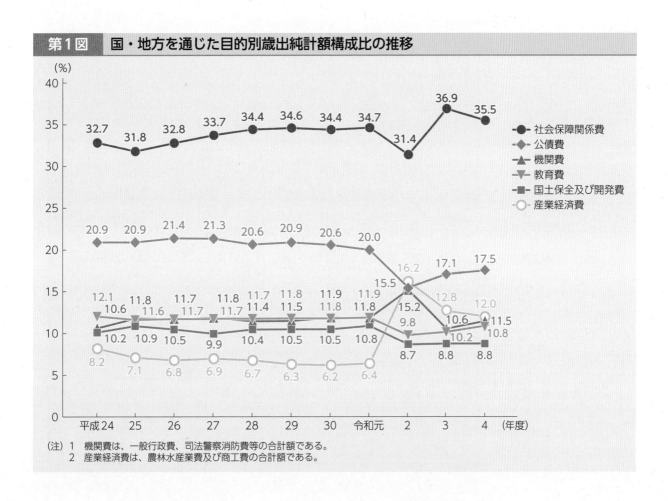

（注）　1　機関費は、一般行政費、司法警察消防費等の合計額である。
　　　　2　産業経済費は、農林水産業費及び商工費の合計額である。

＊1　交付税及び譲与税配付金特別会計、エネルギー対策特別会計、年金特別会計（子ども・子育て支援勘定のみ）、食料安定供給特別会計（国営土地改良事業勘定のみ）、自動車安全特別会計（空港整備勘定のみ）及び東日本大震災復興特別会計

　この歳出純計額を最終支出の主体に着目して国と地方とに分けてみると、国が91兆8,656億円（全体の44.1%）、地方が116兆5,708億円（同55.9%）で、前年度と比べると、国が5.6%減、地方が4.9%減となっている。

　また、目的別歳出純計額の状況について、国と地方に分けて示したものが**第2図**である。防衛費、民生費のうち年金関係のように国のみが行う行政に係るものは別として、衛生費、学校教育費、民生費（年金関係を除く。）等、国民生活に直接関連する経費については、最終的に地方公共団体を通じて支出される割合が高いことがわかる。

第2図 国・地方を通じた目的別歳出純計額の状況（令和4年度）

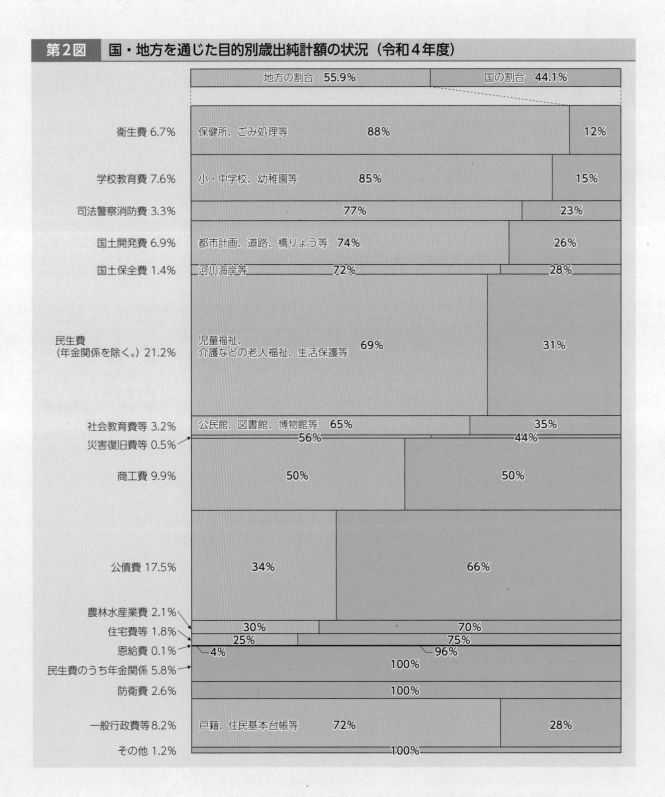

(2)　国民経済と地方財政

　国内総生産（支出側、名目。以下同じ。）のうち、中央政府、地方政府、社会保障基金及び公的企業からなる公的部門は、資金の調達及び財政支出等を通じ、資源配分の適正化、所得分配の公正化、経済の安定化等の重要な機能を果たす経済活動主体である。その中でも、地方政府は、中央政府を上回る最終支出主体であり、国民経済上、大きな役割を担っている。

ア　国内総生産と地方財政

　令和４年度における部門別国内総生産の状況は、**第３図**のとおりである。地方政府は国内総生産のうちの11.7％を占め、中央政府の約2.5倍となっている。

第３図　部門別国内総生産の状況（令和４年度）

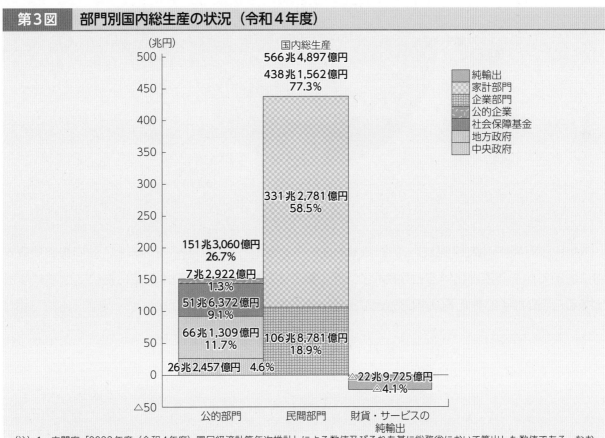

（注）1　内閣府「2022年度（令和４年度）国民経済計算年次推計」による数値及びそれを基に総務省において算出した数値である。なお、「2022年度（令和４年度）国民経済計算年次推計」に基づき、国民経済計算上の中央政府、地方政府、社会保障基金及び公的企業を「公的部門」としている。
　　　2　社会保障基金については、労働保険等の国の特別会計に属するもの、国民健康保険事業会計（事業勘定）等の地方の公営事業会計（＊）に属するもの等が含まれている。
　　　上記は、第４図において同じ。

イ 公的支出の状況

　令和4年度の公的部門による公的支出[*2]の内訳は**第4図**のとおりであり、地方政府による支出が43.7%（前年度43.3%）を占め、最も大きな割合となっている。

| 第4図 | 公的支出の状況（令和4年度） |

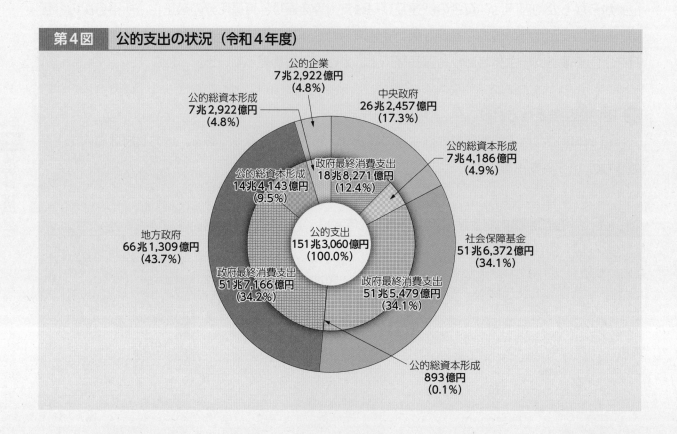

　また、政府最終消費支出及び公的総資本形成に占める地方政府の割合をみると、政府最終消費支出においては前年度と比べると0.8ポイント上昇の42.4%、公的総資本形成においては前年度と比べると1.0ポイント低下の49.3%となっている。

[*2]　国・地方の歳出に含まれる経費の中で、移転的経費である扶助費、普通建設事業費のうち所有権の取得に要する経費である用地取得費、金融取引に当たる公債費及び積立金等といった付加価値の増加を伴わない経費などは除かれている。したがって、公的支出に占める中央政府及び地方政府の割合と歳出純計額に占める国と地方の割合は一致していない。

2 地方財政の概況

　地方公共団体の会計は、一般会計と特別会計に区分して経理されているが、特別会計の中には、一般行政活動に係るものと企業活動等に係るものがある。

　このため、地方財政では、これらの会計を一定の基準によって、一般行政部門とそれ以外の部門（水道、交通、病院等の公営企業（＊）や国民健康保険等の部門）に分け、前者を「普通会計」、後者を「公営事業会計」として区分している。

　普通会計決算については、平成23年度から、「通常収支分」（全体の決算額から東日本大震災分を除いたもの）と「東日本大震災分」（東日本大震災に係る復旧・復興事業及び全国防災事業に係るもの）とを区分して整理しており、その概要は以下のとおりである。

(1) 決算規模

　令和4年度の地方公共団体（47都道府県、1,718市町村、23特別区（＊）、1,152一部事務組合（＊）及び113広域連合（＊）（以下一部事務組合及び広域連合を「一部事務組合等」という。））の普通会計の純計決算額（＊）の状況は、**第1表**のとおり、歳入121兆9,452億円（前年度128兆2,911億円）、歳出117兆3,557億円（同123兆3,677億円）となっており、前年度と比べると、新型コロナウイルス感染症対策関連経費の減少等により、歳入・歳出ともに減少している。

第1表 地方公共団体の純計決算額の状況				（単位　億円・%）
区　　　分	決　　　算　　　額		増　減　額	増　減　率
	令和4年度	令和3年度		
歳　　　　　　　　入	1,219,452	1,282,911	△63,459	△　4.9
通　常　収　支　分	1,212,364	1,271,431	△59,067	△　4.6
東　日　本　大　震　災　分	7,088	11,480	△　4,392	△38.3
歳　　　　　　　　出	1,173,557	1,233,677	△60,120	△　4.9
通　常　収　支　分	1,167,132	1,224,000	△56,868	△　4.6
東　日　本　大　震　災　分	6,425	9,677	△　3,252	△33.6

　歳入については、地方税が増加したものの、国庫支出金（＊）、地方債、地方交付税（＊）の減少等により、前年度と比べると4.9%減となっている。歳出については、物件費（＊）が増加したものの、補助費等（＊）、扶助費（＊）の減少等により、前年度と比べると4.9%減となっている。

　また、決算規模の推移は**第5図**のとおりであり、令和2年度以降、新型コロナウイルス感染症対策関連経費等の影響により、歳入・歳出ともに大幅に増加している。

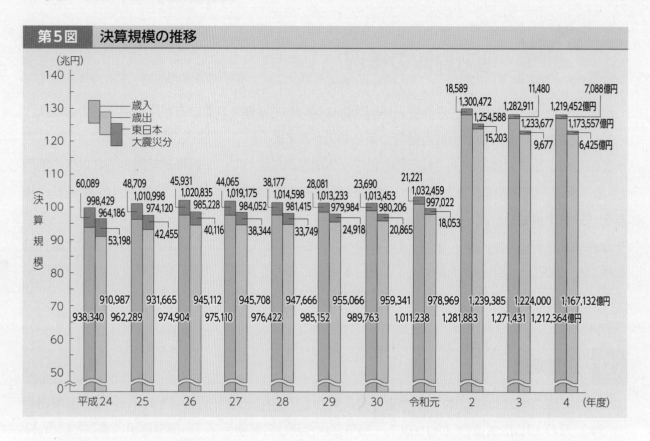

第5図　決算規模の推移

決算額の状況を団体区分別にみると、**第2表**のとおりである。都道府県、市町村（特別区及び一部事務組合等を含む。特記がある場合を除き、以下第1部及び第2部において同じ。）の歳入及び歳出は、前年度と比べると減少している。

第2表　団体区分別決算額の状況　　　　　　　　　　　　　　　　　　　　　　（単位　億円・%）

区　分	決算額		増　減　額	増　減　率
	令和4年度	令和3年度		
歳　入				
都 道 府 県	637,357	683,243	△45,886	△6.7
市 町 村（純計額）	690,181	705,026	△14,846	△2.1
政令指定都市（＊）	165,186	169,715	△4,528	△2.7
特　別　区	47,460	47,136	325	0.7
中　核　市（＊）	106,338	107,997	△1,659	△1.5
施行時特例市（＊）	23,831	23,837	△6	△0.0
都　市（＊）	262,430	269,464	△7,035	△2.6
町　村（＊）	78,581	80,407	△1,826	△2.3
一部事務組合等	20,249	20,585	△336	△1.6
合　計（純計額）	1,219,452	1,282,911	△63,459	△4.9
歳　出				
都 道 府 県	617,395	663,242	△45,846	△6.9
市 町 村（純計額）	664,247	675,794	△11,547	△1.7
政 令 指 定 都 市	162,498	166,803	△4,305	△2.6
特　別　区	45,295	44,675	620	1.4
中　核　市	102,839	103,936	△1,097	△1.1
施 行 時 特 例 市	22,764	22,654	110	0.5
都　市	250,933	256,184	△5,251	△2.0
町　村	74,539	76,086	△1,547	△2.0
一 部 事 務 組 合 等	19,274	19,571	△297	△1.5
合　計（純計額）	1,173,557	1,233,677	△60,120	△4.9

（注）市町村（純計額）は、市町村の決算額の単純合計から、一部事務組合等とこれを組織する市区町村との間の相互重複額を控除したもの。

　なお、地方公共団体の普通会計における新型コロナウイルス感染症対策関連経費の状況は、**第6図**のとおりである。当該経費の歳出については、純計額は11兆879億円となっており、営業時間短縮要請等に応じた事業者に対する協力金の給付等の事業費の減少等により、前年度と比べると47.5%減となっている。

　また、当該経費に対する財源内訳の状況は、**第3表**のとおりである。純計額についてみると、国庫支出金が最も大きな割合を占め、次いで貸付金元利収入等のその他収入となっており、これらで91.9%を占めている。一方、一般財源（＊）（財政調整基金（＊）からの繰入金を含む。）については、7.9%と低い割合となっている。

第6図　新型コロナウイルス感染症対策関連経費の状況

	令和4年度	令和3年度	増減率
歳出額	11兆879億円	21兆1,009億円	△47.5%
（主な事業）			
制度融資等の貸付金	2兆4,970億円	4兆4,820億円	△44.3%
病床確保支援事業	1兆6,839億円	1兆9,904億円	△15.4%
ワクチン接種体制支援事業	1兆188億円	1兆4,833億円	△31.3%
営業時間短縮要請等に係る協力金	8,036億円	5兆3,663億円	△85.0%
観光支援事業	6,189億円	1,600億円	286.8%
子育て世帯等臨時特別支援事業	3,720億円	2兆8,326億円	△86.9%

第3表　新型コロナウイルス感染症対策関連経費の財源内訳の状況　（単位　億円・%）

区　分	令和4年度				令和3年度		増減率
	都道府県	市町村	純計額		純計額		
国 庫 支 出 金	50,433	19,590	70,023	(63.2)	150,350	(71.3)	△53.4
都道府県支出金（＊）	－	1,517	－	(－)	－	(－)	－
地 方 債	66	123	189	(0.2)	1,516	(0.7)	△87.5
そ の 他 収 入	26,686	5,253	31,920	(28.7)	50,340	(23.8)	△36.6
一 般 財 源	6,245	2,502	8,747	(7.9)	8,803	(4.2)	△ 0.6
合 ・ 計	83,431	28,985	110,879	(100.0)	211,009	(100.0)	△47.5

(注) 1　( ) 内の数値は、構成比である。
　　 2　一般財源には、財政調整基金からの繰入金を含む。

(2) 決算収支

⑦ 実質収支

　実質収支（＊）（形式収支（＊）から翌年度に繰り越すべき財源を控除した額）の状況は、**第4表**のとおりである。

第4表	実質収支の状況						(単位　億円)
区　分	令和4年度		令和3年度		増減		
	団体数	実質収支	団体数	実質収支	団体数	実質収支	
都　道　府　県	47	10,013	47	9,190	－	823	
市　　町　　村	3,006	20,698	3,014	23,298	△ 8	△ 2,600	
合　　　　計	3,053	30,711	3,061	32,488	△ 8	△ 1,777	

(注) 市町村の実質収支は単純合計である。第7図において同じ。

　令和4年度の実質収支は3兆711億円の黒字であり、昭和31年度以降黒字となっている。

　団体区分別にみると、都道府県においては1兆13億円の黒字であり、平成12年度以降黒字となっている。市町村においては2兆698億円の黒字であり、昭和31年度以降黒字となっている。

　実質収支が赤字である団体は、市で1団体、一部事務組合で1団体となっている。

　なお、実質収支の推移は**第7図**、赤字団体数の推移は**第5表**のとおりである。

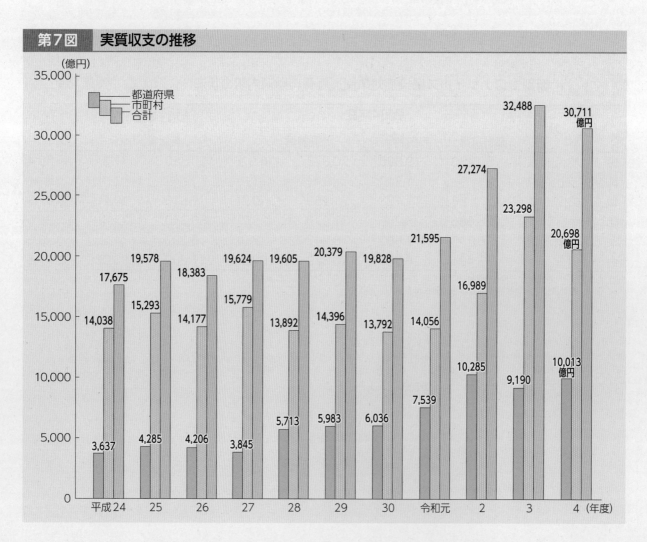

第7図　実質収支の推移

第5表　実質収支が赤字の団体数の推移

区　分	平成24年度	25	26	27	28	29	30	令和元年度	2	3	4
都　道　府　県	－	－	－	－	－	－	－	－	－	－	－
市　　町　　村	2	4	2	－	－	3	2	－	1	1	2
合　　　　計	2	4	2	－	－	3	2	－	1	1	2

（注）平成27年度、28年度及び令和元年度は、全団体で黒字となっている。

イ　単年度収支及び実質単年度収支

　単年度収支（＊）及び実質単年度収支（＊）の状況は**第6表**のとおりであり、令和4年度の単年度収支は1,779億円の赤字、実質単年度収支は647億円の黒字となっている。

第6表　単年度収支及び実質単年度収支の状況　（単位　億円）

区　分	単年度収支			実質単年度収支		
	令和4年度	令和3年度	増減額	4年度	3年度	増減額
都　道　府　県	823	△1,095	1,918	827	9,439	△8,612
市　町　村	△2,602	6,313	△8,915	△180	12,565	△12,745
合　　計	△1,779	5,218	△6,996	647	22,004	△21,357

　なお、実質収支、単年度収支及び実質単年度収支の赤字団体数の状況は、**第7表**のとおりである。

第7表　実質収支、単年度収支及び実質単年度収支が赤字の団体数の状況　（単位　％）

| 区　分 | 全団体数 | | 赤字の団体数 | | | | | | | | | | |
| | | | 実質収支 | | | | 単年度収支 | | | | 実質単年度収支 | | | |
	令和4年度(A)	令和3年度(B)	4年度 団体数(C)	4年度 割合(C)/(A)	3年度 団体数(D)	3年度 割合(D)/(B)	4年度 団体数(E)	4年度 割合(E)/(A)	3年度 団体数(F)	3年度 割合(F)/(B)	4年度 団体数(G)	4年度 割合(G)/(A)	3年度 団体数(H)	3年度 割合(H)/(B)
都　道　府　県	47	47	－	－	－	－	16	34.0	30	63.8	13	27.7	12	25.5
市　町　村	3,006	3,014	2	0.1	1	0.0	1,685	56.1	985	32.7	1,426	47.4	824	27.3
政令指定都市	20	20	－	－	－	－	12	60.0	3	15.0	8	40.0	1	5.0
特　別　区	23	23	－	－	－	－	16	69.6	5	21.7	12	52.2	8	34.8
中　核　市	62	62	－	－	－	－	42	67.7	7	11.3	31	50.0	5	8.1
施行時特例市	23	23	－	－	－	－	13	56.5	1	4.3	15	65.2	－	－
都　　市	687	687	1	0.1	－	－	448	65.2	103	15.0	333	48.5	76	11.1
町　　村	926	926	－	－	－	－	537	58.0	224	24.2	401	43.3	127	13.7
一部事務組合等	1,265	1,273	1	0.1	1	0.1	617	48.8	642	50.4	626	49.5	607	47.7
合　　計	3,053	3,061	2	0.1	1	0.0	1,701	55.7	1,015	33.2	1,439	47.1	836	27.3

(3)　歳入

歳入純計決算額は121兆9,452億円で、前年度と比べると4.9％減となっている。

歳入純計決算額の主な内訳の状況は、**第8表**のとおりである。

第8表　歳入純計決算額の状況

(単位　億円・％)

区　分	決　算　額		構　成　比		増　減　額	増　減　率
	令和4年度	令和3年度	4年度	3年度		
地　方　税	440,522	424,089	36.1	33.1	16,432	3.9
地 方 譲 与 税（＊）	27,621	24,468	2.3	1.9	3,153	12.9
地方特例交付金等（＊）	2,227	4,547	0.2	0.4	△ 2,320	△51.0
地　方　交　付　税	186,310	195,049	15.3	15.2	△ 8,739	△ 4.5
小 計 （一 般 財 源）	656,679	648,153	53.9	50.5	8,527	1.3
（一般財源+臨時財政対策債（＊））	673,081	692,366	55.2	54.0	△ 19,284	△ 2.8
国　庫　支　出　金	267,115	320,716	21.9	25.0	△ 53,601	△16.7
地　　　方　　　債	87,812	117,454	7.2	9.2	△ 29,641	△25.2
うち臨時財政対策債	16,402	44,213	1.3	3.4	△ 27,811	△62.9
そ　　　の　　　他	207,845	196,588	17.0	15.2	11,257	5.7
合　　　　　　　計	1,219,452	1,282,911	100.0	100.0	△ 63,459	△ 4.9

(注) 国庫支出金には、交通安全対策特別交付金及び国有提供施設等所在市町村助成交付金を含む。第8図、第9図において同じ。

地方税は、法人関係二税（法人住民税及び法人事業税）の増加等により、前年度と比べると3.9％増となっている。

地方譲与税は、特別法人事業譲与税の増加等により、前年度と比べると12.9％増となっている。

地方特例交付金等は、新型コロナウイルス感染症対策地方税減収補塡特別交付金の減少等により、前年度と比べると51.0％減となっている。

地方交付税は、国税収入の補正等に伴う増加幅が縮小したこと等により、前年度と比べると4.5％減となっている。

その結果、一般財源は、前年度と比べると1.3％増となっている。なお、一般財源に臨時財政対策債を加えた額は2.8％減となっている。

国庫支出金は、新型コロナウイルス感染症対応地方創生臨時交付金の減少等により、前年度と比べると16.7％減となっている。

地方債は、臨時財政対策債の減少等により、前年度と比べると25.2％減となっている。

その他は、基金からの繰入金の増加等により、前年度と比べると5.7％増となっている。

歳入純計決算額の構成比の推移は、**第8図**のとおりである。

第8図　歳入純計決算額の構成比の推移

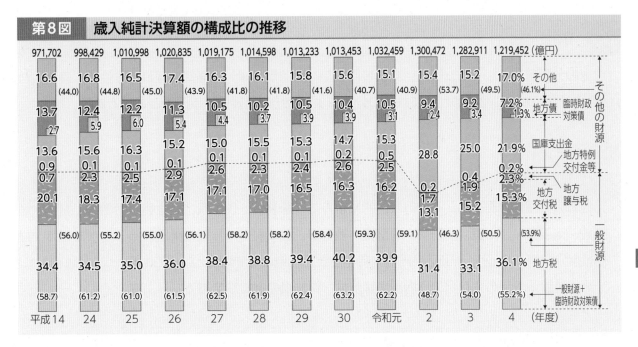

2

地方財政の概況

　地方税の構成比は、上昇の傾向にあったが、令和2年度に国庫支出金の増加等により大きく低下し、その後は令和元年度以前の水準に戻る方向へ推移している。

　地方交付税の構成比は、地方税の増加等により低下の傾向にあったが、令和2年度に大きく低下し、その後は令和元年度以前の水準に戻る方向へ推移している。

　国庫支出金の構成比は、近年は15%前後で推移していたが、令和2年度に新型コロナウイルス感染症対応地方創生臨時交付金の増加等により大きく上昇し、その後は令和元年度以前の水準に戻る方向へ推移している。

　地方債の構成比は、近年は臨時財政対策債の減少等により低下の傾向にある。

　一般財源の構成比は、上昇の傾向であったが、令和2年度に大きく低下し、その後は令和元年度以前の水準に戻る方向へ推移している。

　歳入決算額の構成比を団体区分別にみると、第9図のとおりである。

第9図　団体区分別歳入決算額の構成比の状況（令和4年度）

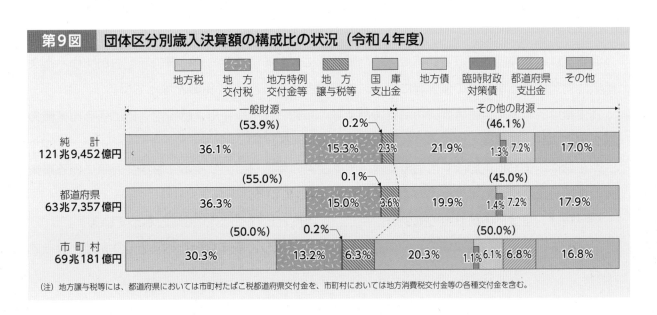

（注）地方譲与税等には、都道府県においては市町村たばこ税都道府県交付金を、市町村においては地方消費税交付金等の各種交付金を含む。

(4)　歳出

歳出の分類方法としては、行政目的に着目した「目的別分類」と経費の経済的な性質に着目した「性質別分類」が用いられるが、これらの分類による歳出の概要は、以下のとおりである。

⑦ 目的別歳出

（ア）目的別歳出

地方公共団体の経費は、その行政目的によって、総務費、民生費、衛生費、労働費、農林水産業費、商工費、土木費、消防費、警察費、教育費、公債費（＊）等に大別することができる。歳出純計決算額は117兆3,557億円で、前年度と比べると4.9%減となっている。

歳出純計決算額の主な目的別内訳の状況は、**第9表**のとおりである。

第9表　目的別歳出（＊）純計決算額の状況

（単位　億円・%）

区　　分	決　算　額 令和4年度	決　算　額 令和3年度	構　成　比 4年度	構　成　比 3年度	増減額	増減率
総　　務　　費	118,847	124,318	10.1	10.1	△　5,470	△　4.4
民　　生　　費	302,720	313,130	25.8	25.4	△ 10,410	△　3.3
衛　　生　　費	122,250	113,751	10.4	9.2	8,499	7.5
労　　働　　費	2,656	2,832	0.2	0.2	△　　176	△　6.2
農 林 水 産 業 費	33,624	33,045	2.9	2.7	579	1.8
商　　工　　費	103,163	149,802	8.8	12.1	△ 46,640	△ 31.1
土　　木　　費	124,444	126,858	10.6	10.3	△　2,414	△　1.9
消　　防　　費	19,873	20,040	1.7	1.6	△　　167	△　0.8
警　　察　　費	33,304	32,923	2.8	2.7	381	1.2
教　　育　　費	177,681	177,896	15.1	14.4	△　　215	△　0.1
公　　債　　費	123,964	126,650	10.6	10.3	△　2,685	△　2.1
そ　　の　　他	11,030	12,433	1.0	1.0	△　1,403	△ 11.3
合　　　　計	1,173,557	1,233,677	100.0	100.0	△ 60,120	△　4.9

商工費は、営業時間短縮要請等に応じた事業者に対する協力金の給付等の新型コロナウイルス感染症対策に係る事業費の減少等により、前年度と比べると31.1%減となっている。

民生費は、子育て世帯等臨時特別支援事業等の新型コロナウイルス感染症対応に係る事業費の減少等により、前年度と比べると3.3%減となっている。

衛生費は、宿泊療養施設や自宅療養者への支援等の新型コロナウイルス感染症対策に係る事業費の増加等により、前年度と比べると7.5%増となっている。

総務費は、基金への積立金の減少等により、前年度と比べると4.4%減となっている。

公債費は、臨時財政対策債の元利償還金の減少等により、前年度と比べると2.1%減となっている。

　目的別歳出純計決算額の構成比の推移は、**第10表**のとおりである。社会保障関係費の増加を背景に、全区分の中で民生費が最も大きな割合を占めている。

第10表	目的別歳出純計決算額の構成比の推移											(単位　％)
区　　分	平成24年度	25	26	27	28	29	30	令和元年度	2	3	4
総　務　費	10.3	10.3	10.0	9.8	9.1	9.3	9.5	9.7	18.0	10.1	10.1
民　生　費	24.0	24.1	24.8	25.7	26.8	26.5	26.2	26.6	22.9	25.4	25.8
衛　生　費	6.2	6.1	6.2	6.4	6.4	6.4	6.4	6.4	7.3	9.2	10.4
労　働　費	0.8	0.6	0.4	0.4	0.3	0.3	0.3	0.2	0.3	0.2	0.2
農林水産業費	3.3	3.6	3.4	3.3	3.2	3.4	3.3	3.3	2.7	2.7	2.9
商　工　費	6.4	6.1	5.6	5.6	5.3	5.0	4.9	4.8	9.2	12.1	8.8
土　木　費	11.7	12.4	12.2	11.9	12.2	12.2	12.1	12.2	10.1	10.3	10.6
消　防　費	2.0	2.0	2.2	2.1	2.0	2.0	2.0	2.1	1.7	1.6	1.7
警　察　費	3.3	3.2	3.2	3.3	3.3	3.3	3.4	3.4	2.6	2.7	2.8
教　育　費	16.7	16.5	16.9	17.1	17.1	17.2	17.2	17.6	14.4	14.4	15.1
公　債　費	13.5	13.5	13.6	13.1	12.8	12.9	12.6	12.2	9.6	10.3	10.6
そ　の　他	1.8	1.6	1.5	1.3	1.5	1.5	2.1	1.5	1.2	1.0	1.0
合　　　計	100.0	100.0	100.0	100.0	100.0	100.0	100.0	100.0	100.0	100.0	100.0
	億円	億円	億円	億円	億円	億円	億円	億円	億円	億円	億円
歳　出　合　計	964,186	974,120	985,228	984,052	981,415	979,984	980,206	997,022	1,254,588	1,233,677	1,173,557

　目的別歳出決算額の構成比を団体区分別にみると、**第10図**のとおりである。

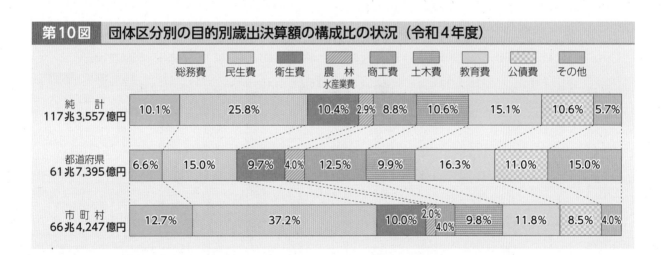

第10図　団体区分別の目的別歳出決算額の構成比の状況（令和4年度）

　都道府県においては、政令指定都市を除く市町村立義務教育諸学校教職員の人件費を負担していること等により、教育費が最も大きな割合を占め、以下、民生費、商工費、公債費の順となっている。

　市町村においては、児童福祉、生活保護に関する事務（町村については、福祉事務所を設置している町村に限る。）等の社会福祉事務の比重が高いこと等により、民生費が最も大きな割合を占め、以下、総務費、教育費、衛生費の順となっている。

（イ）一般財源の充当状況

　一般財源の目的別歳出に対する充当状況は、**第11表**のとおりである。

第11表	一般財源の目的別歳出充当状況			(単位 億円・%)	
区 分	令和4年度		令和3年度		
	決 算 額	構 成 比	決 算 額	構 成 比	
総 務 費	77,672	11.8	84,922	13.1	
民 生 費	161,694	24.6	152,769	23.6	
衛 生 費	48,985	7.5	43,794	6.8	
労 働 費	1,413	0.2	1,384	0.2	
農 林 水 産 業 費	12,359	1.9	11,228	1.7	
商 工 費	18,726	2.9	19,728	3.0	
土 木 費	42,111	6.4	41,888	6.5	
消 防 費	14,934	2.3	14,479	2.2	
警 察 費	25,805	3.9	25,183	3.9	
教 育 費	111,293	16.9	107,856	16.6	
公 債 費	100,543	15.3	102,077	15.7	
そ の 他	4,799	0.8	4,794	0.8	
翌 年 度 へ の 繰 越 額	36,344	5.5	38,052	5.9	
一 般 財 源 計	656,679	100.0	648,153	100.0	

(注)「翌年度への繰越額」には、翌年度へ繰り越された事業費に充当すべき財源を含んでいる。第11図において同じ。

目的別歳出純計決算額の構成比（**第9表**参照）と比べると、公債費、教育費、総務費等は一般財源充当額の構成比が大きく、商工費、土木費、衛生費等は一般財源充当額の構成比が小さくなっている。

一般財源充当額の目的別構成比の推移は、**第11図**のとおりである。近年、民生費充当分が上昇の傾向にあり、土木費充当分及び公債費充当分は低下の傾向にある。

第11図	一般財源充当額の目的別構成比の推移

イ 性質別歳出

（ア）性質別歳出

　地方公共団体の経費は、その経済的性質によって、義務的経費（＊）、投資的経費（＊）及びその他の経費に大別することができる。

　歳出純計決算額の主な性質別内訳の状況は、**第12表**のとおりである。

第12表	性質別歳出（＊）純計決算額の状況					（単位　億円・％）

区　分	決　算　額		構　成　比		増減額	増減率
	令和4年度	令和3年度	4年度	3年度		
義 務 的 経 費	528,274	541,989	45.0	43.9	△ 13,715	△ 2.5
人 件 費	230,839	230,073	19.7	18.6	766	0.3
扶 助 費	173,686	185,555	14.8	15.0	△ 11,868	△ 6.4
公 債 費	123,749	126,361	10.5	10.2	△ 2,612	△ 2.1
投 資 的 経 費	151,271	160,091	12.9	13.0	△ 8,820	△ 5.5
普 通 建 設 事 業 費	145,802	153,028	12.4	12.4	△ 7,226	△ 4.7
うち補助事業（＊）費	74,183	80,754	6.3	6.5	△ 6,572	△ 8.1
うち単独事業（＊）費	63,977	64,492	5.5	5.2	△ 515	△ 0.8
災 害 復 旧 事 業 費	5,469	7,062	0.5	0.6	△ 1,593	△ 22.6
失 業 対 策 事 業 費	0	0	0.0	0.0	0	14.3
そ の 他 の 経 費	494,012	531,598	42.1	43.2	△ 37,586	△ 7.1
う ち 補 助 費 等	163,242	207,566	13.9	16.8	△ 44,324	△ 21.4
う ち 繰 出 金（＊）	57,715	56,583	4.9	4.6	1,133	2.0
合 計	1,173,557	1,233,677	100.0	100.0	△ 60,120	△ 4.9

　義務的経費は、子育て世帯等臨時特別支援事業等の新型コロナウイルス感染症対応に係る事業費の減少等による扶助費の減少等により、前年度と比べると2.5％減となっている。

　投資的経費は、補助事業費の減少等による普通建設事業費の減少等により、前年度と比べると5.5％減となっている。

　その他の経費は、営業時間短縮要請等に応じた事業者に対する協力金の給付等の新型コロナウイルス感染症対策に係る事業費の減少等による補助費等の減少等により、前年度と比べると7.1％減となっている。

　性質別歳出純計決算額の構成比の推移は、**第12図**のとおりである。

2

地方財政の概況

第12図 性質別歳出純計決算額の構成比の推移

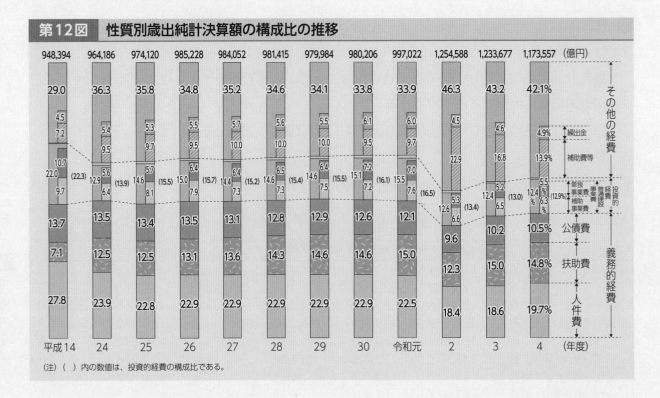

(注)（ ）内の数値は、投資的経費の構成比である。

　義務的経費の構成比は、近年は50％前後で推移していたが、令和2年度にその他の経費の構成比が上昇したことにより大きく低下し、その後は令和元年度以前の水準に戻る方向へ推移している。

　投資的経費の構成比は、近年は15％前後で推移していたが、令和2年度以降は13％前後で推移している。

　その他の経費の構成比は、近年は35％前後で推移していたが、令和2年度に新型コロナウイルス感染症対策に係る補助費等の増加等により大きく上昇し、その後は令和元年度以前の水準に戻る方向へ推移している。

　性質別歳出決算額の構成比の状況を団体区分別にみると、**第13図**のとおりである。

第13図 団体区分別の性質別歳出決算額の構成比の状況（令和4年度）

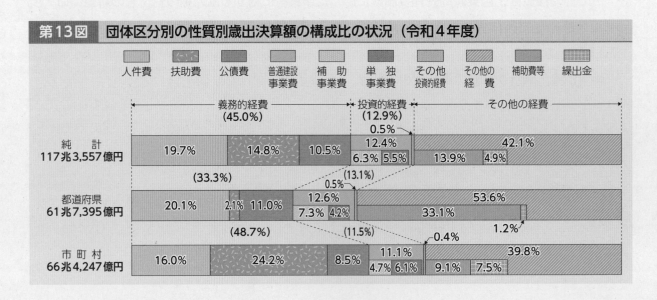

（イ）一般財源の充当状況

　一般財源の性質別歳出に対する充当状況は、**第13表**のとおりである。

第13表	一般財源の性質別歳出充当状況				(単位　億円・%)

区　分	令和4年度		令和3年度	
	決　算　額	構　成　比	決　算　額	構　成　比
義 務 的 経 費	336,925	51.3	332,031	51.2
人　　件　　費	174,629	26.6	171,311	26.4
扶　　助　　費	61,952	9.4	58,905	9.1
公　　債　　費	100,344	15.3	101,815	15.7
投 資 的 経 費	24,479	3.7	26,178	4.0
普 通 建 設 事 業 費	24,018	3.7	25,693	4.0
災 害 復 旧 事 業 費	461	0.1	485	0.1
失 業 対 策 事 業 費	0	0.0	0	0.0
そ の 他 の 経 費	258,932	39.5	251,892	38.9
う ち 補 助 費 等	89,923	13.7	86,406	13.3
う ち 繰 出 金	46,064	7.0	44,638	6.9
翌 年 度 へ の 繰 越 額	36,344	5.5	38,052	5.9
一 般 財 源 計	656,679	100.0	648,153	100.0

(注)「翌年度への繰越額」には、翌年度へ繰り越された事業費に充当すべき財源を含む。第14図において同じ。

2 地方財政の概況

　性質別歳出純計決算額の構成比（**第12表**参照）と比べると、義務的経費は一般財源充当額の構成比が大きくなっており、投資的経費は一般財源充当額の構成比が小さくなっている。

　一般財源充当額の性質別構成比の推移は、**第14図**のとおりである。

第14図	一般財源充当額の性質別構成比の推移

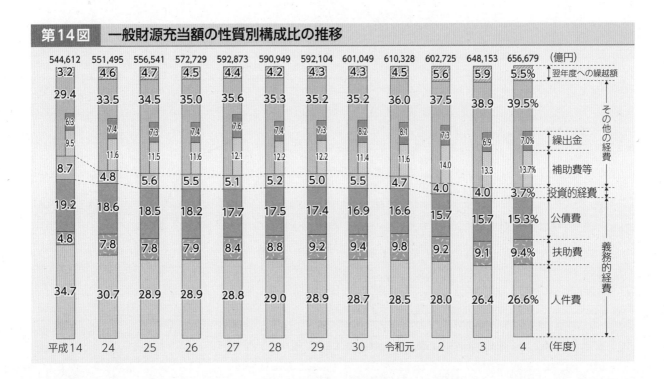

　義務的経費充当分は、近年、扶助費充当分が上昇の傾向にあるものの、人件費充当分及び公債費充当分が低下の傾向にあり、全体として低下の傾向にある。

　投資的経費充当分は、近年、低下の傾向にある。

　その他の経費充当分は、近年、補助費等充当分の上昇等により、全体として上昇の傾向にある。

(5) 財政構造の弾力性

⑦ 経常収支比率

　地方公共団体が社会経済や行政需要の変化に適切に対応していくためには、財政構造の弾力性が確保されなければならない。財政構造の弾力性の度合いを判断する指標の一つが、経常収支比率（＊）である。

　経常収支比率は、経常経費充当一般財源（人件費、扶助費、公債費等のように毎年度経常的に支出される経費に充当された一般財源）の、経常一般財源（一般財源総額のうち地方税、普通交付税等のように毎年度経常的に収入される一般財源）、減収補塡債特例分（＊）、猶予特例債及び臨時財政対策債の合計額（以下「経常一般財源等」という。）に対する割合である。

　団体区分別の経常収支比率の推移は**第15図**のとおりであり、令和４年度の経常収支比率（特別区及び一部事務組合等を除く加重平均）は、臨時財政対策債の減少に伴う経常一般財源等の減等により、前年度と比べると4.3ポイント上昇の92.4％となっている。

第15図　団体区分別経常収支比率の推移

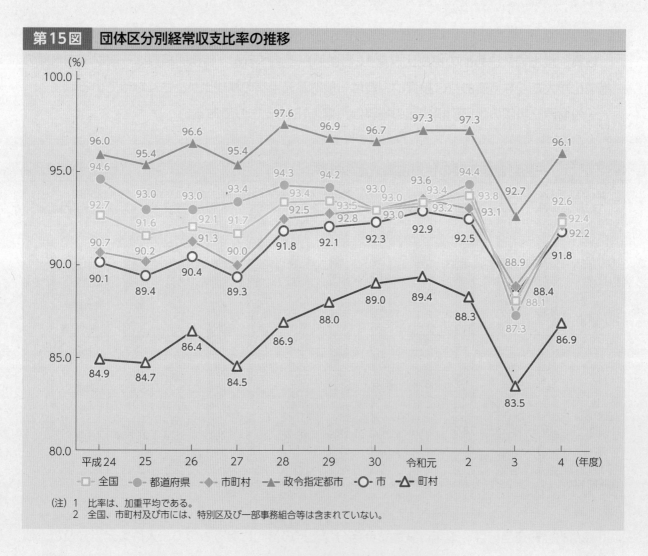

（注）1　比率は、加重平均である。
　　　2　全国、市町村及び市には、特別区及び一部事務組合等は含まれていない。

　経常収支比率の段階別分布状況（団体数）は、**第14表**のとおりである。

第14表　経常収支比率の段階別分布状況

区　　分	70%未満	70%以上80%未満	80%以上90%未満	90%以上100%未満	100%以上	合　計
令和4年度　都道府県	－（－）	1　（2.1）	5（10.6）	40（85.1）	1（2.1）	47（100.0）
令和4年度　市町村	16（0.9）	136　（7.9）	776（45.2）	782（45.5）	8（0.5）	1,718（100.0）
令和4年度　合　計	16（0.9）	137　（7.8）	781（44.2）	822（46.6）	9（0.5）	1,765（100.0）
令和3年度　都道府県	－（－）	1　（2.1）	39（83.0）	7（14.9）	－（－）	47（100.0）
令和3年度　市町村	25（1.5）	261（15.2）	1,068（62.2）	361（21.0）	3（0.2）	1,718（100.0）
令和3年度　合　計	25（1.4）	262（14.8）	1,107（62.7）	368（20.8）	3（0.2）	1,765（100.0）
増減　都道府県	－	－	△　34	33	1	－
増減　市町村	△9	△125	△292	421	5	－
増減　合　計	△9	△125	△326	454	6	－

（注）1　（ ）内の数値は、構成比である。
　　　2　合計及び市町村には、特別区及び一部事務組合等は含まれていない。

イ　実質公債費比率

　地方債の元利償還金等の公債費は、義務的経費の中でも特に弾力性に乏しい経費であることから、財政構造の弾力性をみる場合、その動向には常に留意する必要がある。その公債費に係る負担の度合いを判断するための指標に、実質公債費比率（＊）がある。

　実質公債費比率は、当該地方公共団体の標準財政規模（＊）（普通交付税の算定において基準財政需要額（＊）に算入された公債費等を除く。）に対する、一般会計等（＊）が負担する元利償還金及び公営企業債の償還に対する繰出金などの元利償還金に準ずるもの（充当された特定財源及び普通交付税の算定において基準財政需要額に算入された公債費等を除く。）の割合である。

　団体区分別の実質公債費比率の推移は**第16図**のとおりであり、令和4年度の実質公債費比率（一部事務組合等を除く加重平均）は、前年度と同率の7.6％となっており、初めて算定された平成17年度以降低下傾向にある。

第16図　団体区分別実質公債費比率の推移

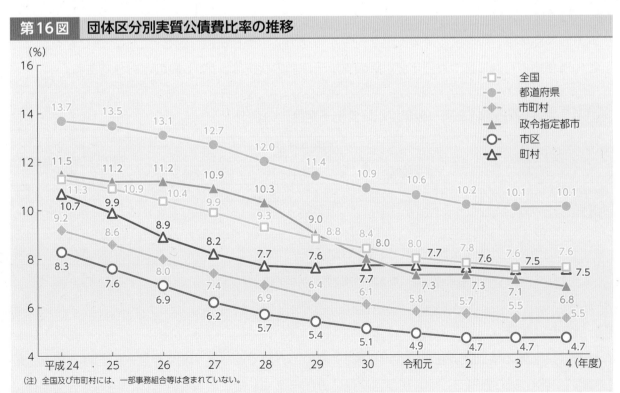

（注）全国及び市町村には、一部事務組合等は含まれていない。

(6) 将来の財政負担

地方公共団体の財政状況をみるには、単年度の収支状況のみならず、地方債、債務負担行為（＊）等のように将来の財政負担となるものや、財政調整基金等の積立金のように将来の財政運営に資する財源を留保するものの状況についても、併せて把握する必要がある。これらの状況は、以下のとおりである。

⑦ 地方債現在高

地方公共団体における地方債現在高の状況は**第15表**のとおりであり、令和4年度末における地方債現在高は141兆7,384億円で、臨時財政対策債の現在高の減少等により、前年度末と比べると2.0％減となっている。また、臨時財政対策債を除いた地方債現在高は89兆8,524億円で、前年度末と比べると0.7％減となっている。

なお、地方財政状況調査においては、満期一括償還地方債の元金償還に充てるための減債基金（＊）への積立額は歳出の公債費に計上するとともに、地方債現在高に当該積立額相当分を含まない扱いとしているが、これを含む場合の地方債現在高は154兆5,379億円となっている。

第15表 地方債現在高の状況						（単位 億円・％）
区　分	令和4年度末			令和3年度末	増減額	増減率
	都道府県	市町村	計			
地方債現在高	860,836	556,548	1,417,384	1,445,810	△ 28,426	△ 2.0
地方債現在高（臨時財政対策債除き）	539,186	359,338	898,524	904,736	△ 6,212	△ 0.7

④ 債務負担行為額

地方公共団体は、翌年度以降の支出を約束するために、債務負担行為を行うことができる。

この債務負担行為に基づく翌年度以降の支出予定額の状況は、**第16表**のとおりである。

第16表 債務負担行為額（翌年度以降支出予定額）の状況								（単位 億円・％）
区　分	令和4年度						令和3年度	増減率
	都道府県		市町村		計			
物件の購入等に係るもの	31,616	(55.1)	53,447	(39.1)	85,064	(43.8)	76,161	11.7
債務保証又は損失補償に係るもの	2,018	(3.5)	1,265	(0.9)	3,283	(1.7)	4,006	△18.0
そ　　の　　他	23,751	(41.4)	82,076	(60.0)	105,827	(54.5)	101,478	4.3
合　　　　　計	57,385	(100.0)	136,789	(100.0)	194,174	(100.0)	181,645	6.9

（注）1 （ ）内の数値は、構成比である。
　　　2 「債務保証又は損失補償に係るもの」には、履行すべき額の確定したものを計上している。

⑨ 積立金現在高

地方公共団体の積立金現在高の状況は**第17表**のとおりであり、令和4年度末における積立金現在高は27兆6,360億円で、地方税が当初見込みから増加したこと等を踏まえ、各地方公共団体に

おいて将来を見据えた財政運営として、災害や公共施設の老朽化対策などの行政課題への対応のため積立てを行ったこと等により、前年度末と比べると7.1％増となっている。

　その内訳をみると、年度間の財源調整を行うために積み立てられている財政調整基金は、前年度末と比べると4.1％増、地方債の将来の償還費に充てるために積み立てられている減債基金（満期一括償還地方債に係るものを除く。）は1.5％増、将来の特定の財政需要に備えて積み立てられているその他特定目的基金（＊）は10.1％増となっている。

| 第17表 | 積立金現在高の状況 | | | | | | | | |

(単位　億円・%)

区　分	令和4年度末			令和3年度末			増減率		
	都道府県	市町村	計	都道府県	市町村	計	都道府県	市町村	計
財政調整基金	24,385 (27.2)	68,950 (36.9)	93,335 (33.8)	25,336 (30.0)	64,294 (37.0)	89,630 (34.7)	△3.8	7.2	4.1
減債基金	13,096 (14.6)	16,171 (8.7)	29,267 (10.6)	13,035 (15.4)	15,808 (9.1)	28,843 (11.2)	0.5	2.3	1.5
その他特定目的基金	52,189 (58.2)	101,569 (54.4)	153,758 (55.6)	46,143 (54.6)	93,467 (53.9)	139,610 (54.1)	13.1	8.7	10.1
合　計	89,669 (100.0)	186,691 (100.0)	276,360 (100.0)	84,514 (100.0)	173,569 (100.0)	258,083 (100.0)	6.1	7.6	7.1

(注)（　）内の数値は、構成比である。

エ　地方債及び債務負担行為による実質的な将来の財政負担

　地方債現在高に債務負担行為に基づく翌年度以降の支出予定額を加え、積立金現在高を差し引いた地方公共団体の地方債及び債務負担行為による実質的な将来の財政負担の推移は、**第17図**のとおりである。令和4年度末においては、地方債現在高は2.0％減、債務負担行為額は6.9％増、積立金現在高は7.1％増となったことにより、地方債及び債務負担行為による実質的な将来の財政負担は133兆5,198億円で、前年度末と比べると2.5％減となっている。

　団体区分別にみると、都道府県においては82兆8,552億円、市町村においては50兆6,646億円で、前年度末と比べると、ともに2.5％減となっている。

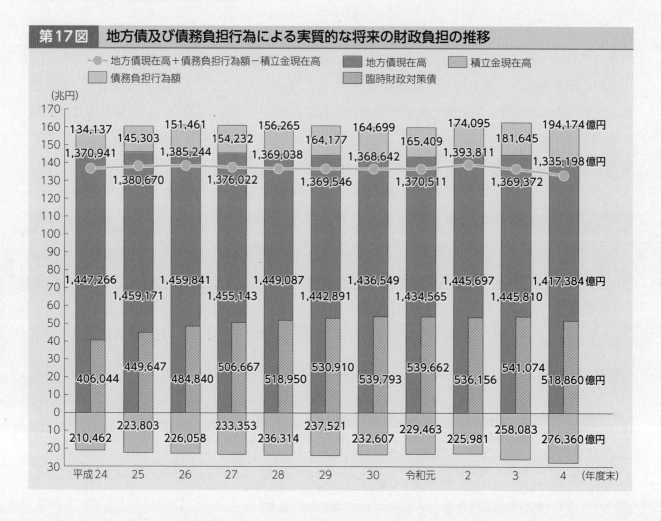

第17図　地方債及び債務負担行為による実質的な将来の財政負担の推移

凡例：
- --●-- 地方債現在高＋債務負担行為額－積立金現在高
- 地方債現在高
- 積立金現在高
- 債務負担行為額
- 臨時財政対策債

（兆円）

年度末	地方債現在高＋債務負担行為額－積立金現在高	地方債現在高	臨時財政対策債	債務負担行為額	積立金現在高
平成24	134,137／1,370,941	1,447,266	406,044	210,462	
25	145,303／1,380,670	1,459,171	449,647	223,803	
26	151,461／1,385,244	1,459,841	484,840	226,058	
27	154,232／1,376,022	1,455,143	506,667	233,353	
28	156,265／1,369,038	1,449,087	518,950	236,314	
29	164,177／1,369,546	1,442,891	530,910	237,521	
30	164,699／1,368,642	1,436,549	539,793	232,607	
令和元	165,409／1,370,511	1,434,565	539,662	229,463	
2	174,095／1,393,811	1,445,697	536,156	225,981	
3	181,645／1,369,372	1,445,810	541,074	258,083	
4	194,174億円／1,335,198億円	1,417,384億円	518,860億円	276,360億円	

オ　普通会計が負担すべき借入金残高

　普通会計が将来にわたって負担すべき借入金という観点からは、地方債現在高のほか、交付税及び譲与税配付金特別会計（以下「交付税特別会計」という。）借入金や、公営企業において償還する企業債のうち、経費負担区分の原則等に基づき、普通会計がその償還財源を負担するものについても併せて考慮する必要がある。

　この観点から、地方債現在高に交付税特別会計借入金残高と企業債現在高のうち普通会計が負担することとなるものを加えた普通会計が負担すべき借入金残高の推移をみると、**第18図**のとおりである。近年は減少傾向にあるものの、依然として180兆円を超える高い水準にあり、令和4年度末における普通会計が負担すべき借入金残高は186兆7,066億円で、地方債現在高の減少等により、前年度末と比べると2.2％減となっている。

第18図　普通会計が負担すべき借入金残高の推移

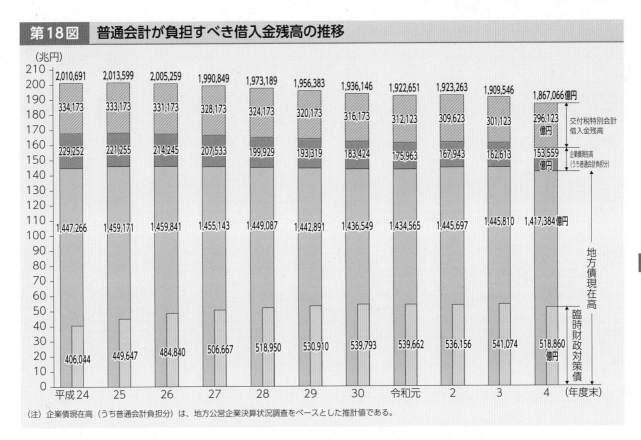

（注）企業債現在高（うち普通会計負担分）は、地方公営企業決算状況調査をベースとした推計値である。

カ　将来負担比率

　地方公共団体の一般会計等の借入金（地方債）や将来支払っていく可能性のある負担等の現時点での残高を指標化し、将来財政を圧迫する可能性の度合いを示す指標が将来負担比率（＊）である。具体的には、一般会計等の地方債残高や債務負担行為に基づく支出予定額のほか、公営企業や地方公社、損失補償を行っている出資法人等に係る負担見込額も含めた当該地方公共団体の一般会計等の将来負担額から財政調整基金などの充当可能財源等を差し引いた実質的な負債の標準財政規模を基本とした額に対する比率である。

　団体区分別の将来負担比率の推移は**第19図**のとおりであり、令和4年度の将来負担比率の平均は、都道府県154.4％、政令指定都市67.6％となっている。なお、市区及び町村においては、充当可能財源等が将来負担額を上回っている。

第19図　団体区分別将来負担比率の推移

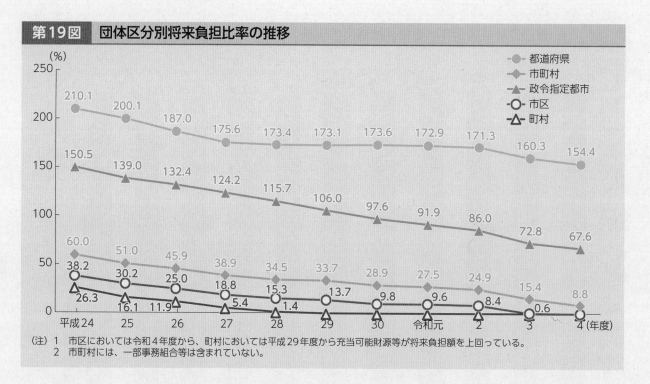

（注）　1　市区においては令和4年度から、町村においては平成29年度から充当可能財源等が将来負担額を上回っている。
　　　　2　市町村には、一部事務組合等は含まれていない。

3 地方財源の状況

国税と地方税を合わせた租税の状況及び地方歳入（普通会計）の状況は、以下のとおりである。

(1) 租税の状況

国税と地方税を合わせた租税として徴収された額は120兆3,899億円で、前年度と比べると5.3％増となっている。

国民所得に対する租税総額の割合である租税負担率をみると、令和4年度においては、前年度と比べると0.5ポイント上昇の29.4％となっている。なお、主な諸外国の租税負担率をみると、アメリカ23.8％（2020暦年計数）、イギリス34.3％（同）、ドイツ30.3％（同）、フランス45.0％（同）となっている。

次に、国税と地方税の状況をみると、**第20図**のとおりであり、租税総額に占める割合は、国税63.4％（前年度62.9％）、地方税36.6％（同37.1％）となっている。また、地方交付税、地方譲与税及び地方特例交付金等を国から地方へ交付した後の租税の実質的な配分割合は、国45.5％（同43.3％）、地方54.5％（同56.7％）となっている。なお、国税と地方税の推移は**第21図**のとおりであり、地方税は平成24年度以降増加傾向にある。

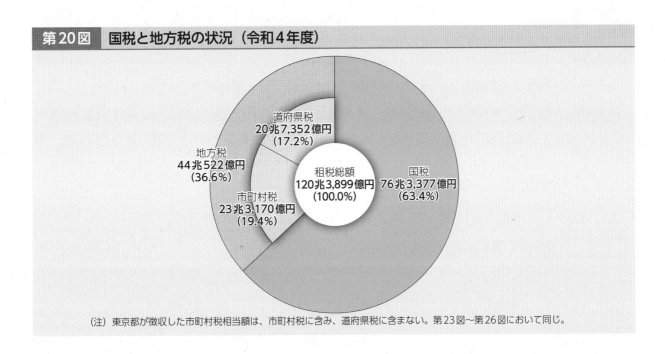

第20図 国税と地方税の状況（令和4年度）

（注）東京都が徴収した市町村税相当額は、市町村税に含み、道府県税に含まない。第23図〜第26図において同じ。

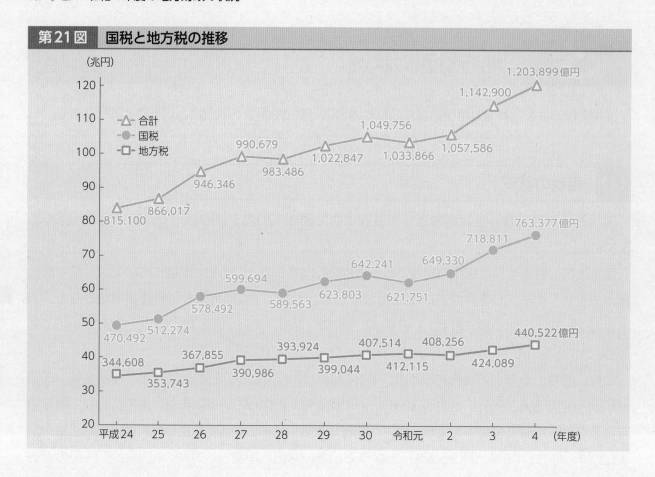

第21図　国税と地方税の推移

(2)　地方歳入

ア　地方税

　地方税の決算額は44兆522億円で、前年度と比べると3.9%増となっている。

　地方税収入額の63.8%を占める住民税、事業税及び地方消費税の収入状況は、**第18表**のとおりである。また、各税目の収入額を前年度と比べると、住民税は個人分の増加等により2.1%増、事業税は法人分の増加等により10.7%増、地方消費税は4.0%増となっている。なお、法人関係二税は7兆8,373億円で、前年度と比べると8.7%増となっている。

第18表　住民税、事業税及び地方消費税の収入状況　　　　　　　　　　　　（単位　億円・%）

区　分	収　入　額		構　成　比		増減率
	令和4年度	令和3年度	4年度	3年度	
住　民　税	161,802	158,537	36.7	37.4	2.1
個　人　分	135,830	133,857	30.8	31.6	1.5
法　人　分	25,972	24,680	5.9	5.8	5.2
事　業　税	55,003	49,673	12.5	11.7	10.7
個　人　分	2,602	2,245	0.6	0.5	15.9
法　人　分	52,401	47,428	11.9	11.2	10.5
地 方 消 費 税	64,151	61,703	14.6	14.5	4.0
地 方 税 合 計	440,522	424,089	100.0	100.0	3.9

（注）住民税（個人分）は、配当割、株式等譲渡所得割及び利子割を含む。

　地方税計、個人住民税、法人関係二税、地方消費税及び固定資産税の人口1人当たり税収額の指数をみると、第22図のとおりであり、地方税計については、最も大きい東京都が164.3、最も小さい長崎県が72.0で、約2.3倍の格差となっている。

　個別の税目ごとに比較してみると、個人住民税については、最も大きい東京都が165.8、最も小さい秋田県が65.1で、約2.5倍の格差となっている。法人関係二税については、最も大きい東京都が255.2、最も小さい奈良県が43.4で、約5.9倍の格差となっている。地方消費税については、最も大きい東京都が108.9、最も小さい奈良県が86.0で、約1.3倍の格差となっている。固定資産税については、最も大きい東京都が158.7、最も小さい長崎県が69.0で、約2.3倍の格差となっている。

　このように、地方税収については、各税目とも都道府県ごとに偏在性があるが、その度合いについては、法人関係二税の格差が特に大きく、地方消費税の偏在性は比較的小さい。

第22図 地方税計、個人住民税、法人関係二税、地方消費税及び固定資産税の人口1人当たり税収額の指数

（全国平均を100とした場合、令和4年度）

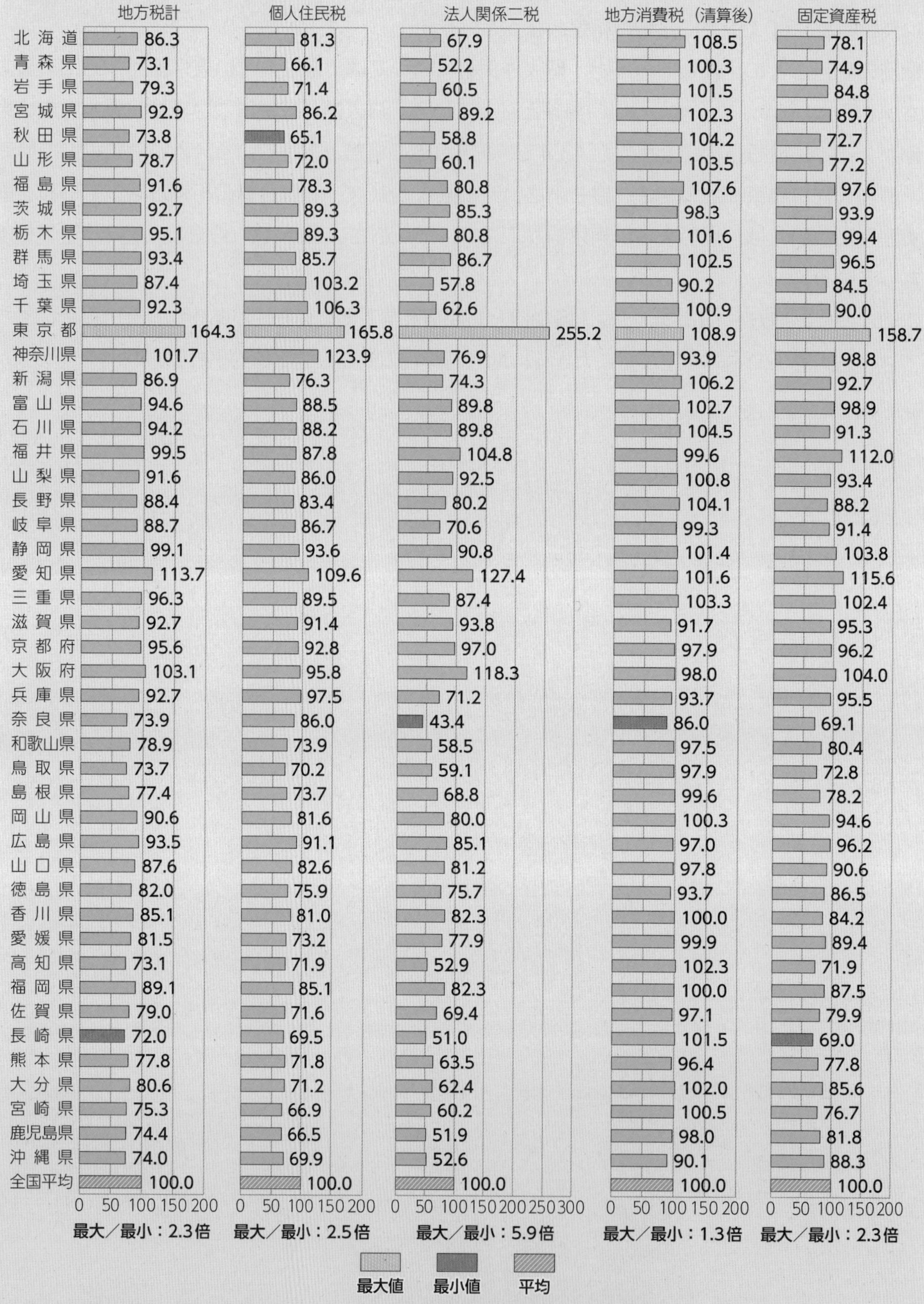

	地方税計	個人住民税	法人関係二税	地方消費税（清算後）	固定資産税
北海道	86.3	81.3	67.9	108.5	78.1
青森県	73.1	66.1	52.2	100.3	74.9
岩手県	79.3	71.4	60.5	101.5	84.8
宮城県	92.9	86.2	89.2	102.3	89.7
秋田県	73.8	65.1	58.8	104.2	72.7
山形県	78.7	72.0	60.1	103.5	77.2
福島県	91.6	78.3	80.8	107.6	97.6
茨城県	92.7	89.3	85.3	98.3	93.9
栃木県	95.1	89.3	80.8	101.6	99.4
群馬県	93.4	85.7	86.7	102.5	96.5
埼玉県	87.4	103.2	57.8	90.2	84.5
千葉県	92.3	106.3	62.6	100.9	90.0
東京都	164.3	165.8	255.2	108.9	158.7
神奈川県	101.7	123.9	76.9	93.9	98.8
新潟県	86.9	76.3	74.3	106.2	92.7
富山県	94.6	88.5	89.8	102.7	98.9
石川県	94.2	88.2	89.8	104.5	91.3
福井県	99.5	87.8	104.8	99.6	112.0
山梨県	91.6	86.0	92.5	100.8	93.4
長野県	88.4	83.4	80.2	104.1	88.2
岐阜県	88.7	86.7	70.6	99.3	91.4
静岡県	99.1	93.6	90.8	101.4	103.8
愛知県	113.7	109.6	127.4	101.6	115.6
三重県	96.3	89.5	87.4	103.3	102.4
滋賀県	92.7	91.4	93.8	91.7	95.3
京都府	95.6	92.8	97.0	97.9	96.2
大阪府	103.1	95.8	118.3	98.0	104.0
兵庫県	92.7	97.5	71.2	93.7	95.5
奈良県	73.9	86.0	43.4	86.0	69.1
和歌山県	78.9	73.9	58.5	97.5	80.4
鳥取県	73.7	70.2	59.1	97.9	72.8
島根県	77.4	73.7	68.8	99.6	78.2
岡山県	90.6	81.6	80.0	100.3	94.6
広島県	93.5	91.1	85.1	97.0	96.2
山口県	87.6	82.6	81.2	97.8	90.6
徳島県	82.0	75.9	75.7	93.7	86.5
香川県	85.1	81.0	82.3	100.0	84.2
愛媛県	81.5	73.2	77.9	99.9	89.4
高知県	73.1	71.9	52.9	102.3	71.9
福岡県	89.1	85.1	82.3	100.0	87.5
佐賀県	79.0	71.6	69.4	97.1	79.9
長崎県	72.0	69.5	51.0	101.5	69.0
熊本県	77.8	71.8	63.5	96.4	77.8
大分県	80.6	71.2	62.4	102.0	85.6
宮崎県	75.3	66.9	60.2	100.5	76.7
鹿児島県	74.4	66.5	51.9	98.0	81.8
沖縄県	74.0	69.9	52.6	90.1	88.3
全国平均	100.0	100.0	100.0	100.0	100.0
最大／最小	2.3倍	2.5倍	5.9倍	1.3倍	2.3倍

最大値　最小値　平均

（注）1　「最大／最小」は、都道府県ごとの人口1人当たり税収額の最大値を最小値で割った数値である。
2　地方税計の税収額は、特別法人事業譲与税の額を含まず、超過課税及び法定外税等を除いたものである。
3　個人住民税の税収額は、個人道府県民税（均等割及び所得割）及び個人市町村民税（均等割及び所得割）の合計額であり、超過課税分を除く。
4　法人関係二税の税収額は、法人道府県民税、法人市町村民税及び法人事業税（特別法人事業譲与税を含まない。）の合計額であり、超過課税分等を除く。
5　固定資産税の税収額は、道府県分を含み、超過課税分を除く。
6　人口は、令和5年1月1日現在の住民基本台帳人口による。

（ア）道府県税の収入状況

　都道府県の地方税の決算額から東京都が徴収した市町村税相当額を除いた道府県税の収入額は20兆7,352億円で、事業税、地方消費税の増加等により、前年度と比べると4.3％増となっている。

　道府県税収入額の税目別内訳の状況は、**第23図**のとおりである。

　このうち、法人関係二税は5兆7,655億円で、道府県税総額に占める割合は27.8％となっている。

3

地方財源の状況

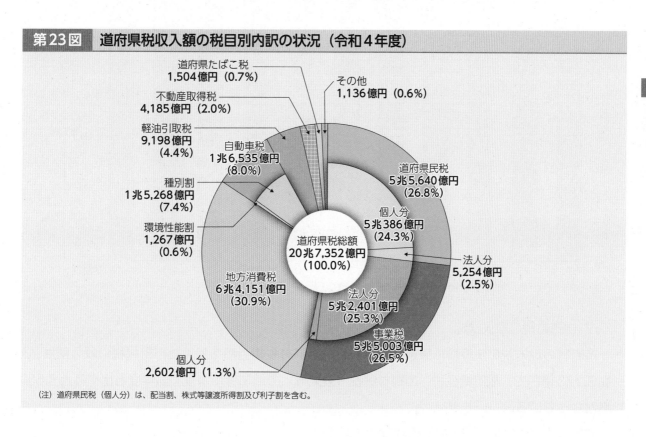

第23図　道府県税収入額の税目別内訳の状況（令和4年度）

道府県たばこ税
1,504億円（0.7％）

その他
1,136億円（0.6％）

不動産取得税
4,185億円（2.0％）

軽油引取税
9,198億円
（4.4％）

自動車税
1兆6,535億円
（8.0％）

道府県民税
5兆5,640億円
（26.8％）

種別割
1兆5,268億円
（7.4％）

個人分
5兆386億円
（24.3％）

環境性能割
1,267億円
（0.6％）

道府県税総額
20兆7,352億円
（100.0％）

法人分
5,254億円
（2.5％）

地方消費税
6兆4,151億円
（30.9％）

法人分
5兆2,401億円
（25.3％）

事業税
5兆5,003億円
（26.5％）

個人分
2,602億円（1.3％）

（注）道府県民税（個人分）は、配当割、株式等譲渡所得割及び利子割を含む。

道府県税収入額の推移は、**第24図**のとおりである。

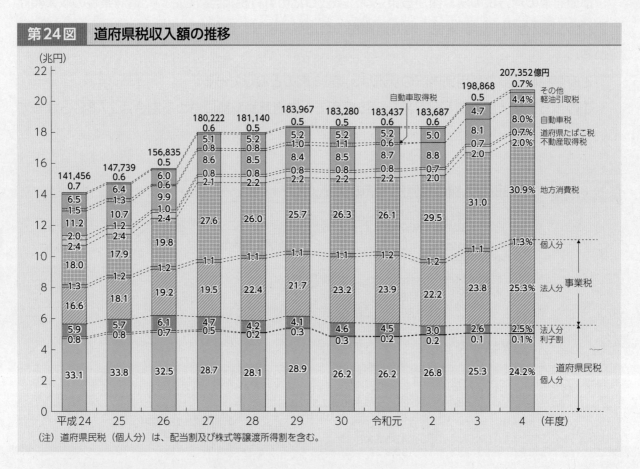

第24図　道府県税収入額の推移

（注）道府県民税（個人分）は、配当割及び株式等譲渡所得割を含む。

（イ）市町村税の収入状況

市町村の地方税の決算額に東京都が徴収した市町村税相当額を加えた市町村税の収入額は23兆3,170億円で、固定資産税、市町村民税（個人分）の増加等により、前年度と比べると3.5%増となっている。

市町村税収入額の税目別内訳の状況は、**第25図**のとおりである。

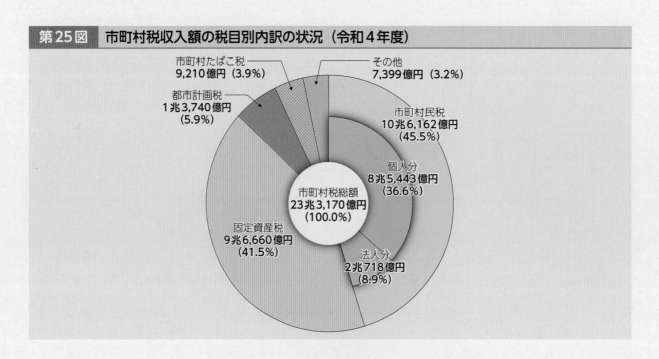

第25図　市町村税収入額の税目別内訳の状況（令和4年度）

　市町村税収入額の推移は、**第26図**のとおりである。

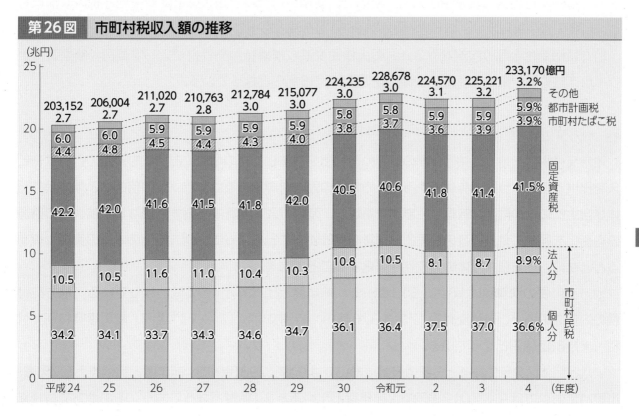

第26図　市町村税収入額の推移

（ウ）法定外普通税

　地方公共団体は、「地方税法」（昭和25年法律第226号）で規定されている税目のほかに、地方公共団体ごとの特有な財政需要を充足するため、法定外普通税を設けることができる。法定外普通税の収入額は538億円で、前年度と比べると7.4％増となっている。

（エ）法定外目的税

　地方公共団体は、地方税法で規定されている税目のほかに、条例で定める特定の費用に充てるため、法定外目的税を設けることができる。法定外目的税の収入額は193億円で、前年度と比べると44.7％増となっている。

（オ）超過課税

　地方公共団体は、地方税法で標準税率が定められている税目について、財政上その他の必要がある場合に、その税率を超える税率を定めることができる。この標準税率を超えて課税された部分である超過課税による収入額は8,233億円で、前年度と比べると7.0％増となっている。

イ　地方譲与税

　地方譲与税の決算額は2兆7,621億円で、特別法人事業譲与税の増加等により、前年度と比べると12.9％増となっている。

　地方譲与税の主な内訳をみると、特別法人事業譲与税が2兆1,659億円（対前年度比16.9％増）、自動車重量譲与税が2,947億円（同1.8％増）となっている。

ウ 地方特例交付金等

　地方特例交付金等の決算額は2,227億円で、新型コロナウイルス感染症対策地方税減収補塡特別交付金の減少等により、前年度と比べると51.0%減となっている。

　地方特例交付金等の内訳をみると、個人住民税減収補塡特例交付金が2,172億円、新型コロナウイルス感染症対策地方税減収補塡特別交付金が55億円となっている。

エ 地方交付税

　地方交付税は、地方公共団体間の財源の不均衡を調整し、どの地域においても一定の行政サービスを提供できるよう財源を保障するための地方の固有財源である。また、その目的は、地方公共団体が自主的にその財産を管理し、事務を処理し、及び行政を執行する権能を損なわずに、その財源の均衡化を図り、地方行政の計画的な運営を保障することによって、地方自治の本旨の実現に資するとともに、地方公共団体の独立性を強化することである。

　地方交付税の決算額は18兆6,310億円で、前年度と比べると4.5%減となっている。地方交付税の内訳をみると、普通交付税17兆4,376億円、特別交付税1兆1,131億円、震災復興特別交付税（＊）802億円となっている。

　また、団体区分別にみると、都道府県においては9兆5,298億円で、前年度と比べると6.7%減、市町村においては9兆1,012億円で、前年度と比べると2.1%減となっており、その地方交付税総額に占める割合は、都道府県においては51.2%（前年度52.3%）、市町村においては48.8%（同47.7%）となっている。

　普通交付税（基準財政需要額が基準財政収入額（＊）を超える地方公共団体に対して、その差額（財源不足額）を基本として交付されるもの）の交付状況をみると、不交付団体は、都道府県では東京都の1団体である。市町村（特別区及び一部事務組合等を除く。以下この段落において同じ。）では前年度より21団体増加し、72団体となっている。また、災害等特別の事情に応じて交付する特別交付税の令和4年度の交付状況をみると、都道府県においては東京都を除く全団体に、市町村においては全1,718団体に、それぞれ交付されている。

　なお、令和4年度当初において地方公共団体に交付される通常収支分の地方交付税の総額は、地方財政計画（＊）において、前年度と比べると、6,153億円増（3.5%増）の18兆538億円とした。また、国の令和4年度補正予算（第2号）において、国税収入の補正等に伴い令和4年度分の地方交付税の額が1兆9,211億円の増額となったことを受け、このうち4,970億円を令和4年度に増額交付することとした。具体的には、普通交付税の調整額を復活するとともに、地方公共団体が、経済対策の事業や経済対策に合わせた独自の地域活性化策等を円滑に実施するために必要な経費を算定するため、基準財政需要額の費目に「臨時経済対策費」を創設することとした。

オ 国庫支出金

　国庫支出金の状況は、**第19表**のとおりである。国庫支出金の決算額は26兆7,115億円で、新型コロナウイルス感染症対応地方創生臨時交付金の減少等により、前年度と比べると16.7%減となっている。

| 第19表 | 国庫支出金の状況 | | | | | | | | | (単位　億円・%) | |

| 区　分 | 令和4年度 | | | | | | 令和3年度 | | 増減額 | 増減率 |
| | 都道府県 | | 市　町　村 | | 純　計　額 | | 純　計　額 | | | |
	決算額	構成比	決算額	構成比	決算額	構成比	決算額	構成比		
義 務 教 育 費 負 担 金	12,418	9.8	2,766	2.0	15,184	5.7	15,259	4.8	△　　75	△ 0.5
生 活 保 護 費 負 担 金	1,309	1.0	25,590	18.3	26,899	10.1	27,097	8.4	△　198	△ 0.7
児 童 保 護 費 等 負 担 金	1,228	1.0	16,168	11.5	17,396	6.5	16,442	5.1	954	5.8
障害者自立支援給付費等負　　担　　金	858	0.7	15,318	10.9	16,177	6.1	15,480	4.8	697	4.5
児 童 手 当 等 交 付 金	－	－	12,063	8.6	12,063	4.5	12,701	4.0	△　638	△ 5.0
普 通 建 設 事 業 費 支 出 金	14,811	11.7	7,064	5.0	21,875	8.2	22,918	7.1	△ 1,043	△ 4.5
社 会 資 本 整 備 総 合 交 付 金	8,988	7.1	6,176	4.4	15,163	5.7	17,405	5.4	△ 2,242	△12.9
新型コロナウイルス感染症対応地方創生臨時交付金	21,032	16.6	11,459	8.2	32,490	12.2	69,358	21.6	△36,868	△53.2
新型コロナウイルス感染症緊 急 包 括 支 援 交 付 金	33,348	26.3	－	－	33,348	12.5	29,029	9.1	4,319	14.9
その他新型コロナウイルス感染症対策関係国庫支出金	9,560	7.5	24,642	17.6	34,202	12.8	56,359	17.6	△22,156	△39.3
そ　　　　の　　　　他	23,415	18.3	18,901	13.5	42,316	15.7	38,667	12.1	3,649	9.4
合　　　　　　　　計	126,968	100.0	140,147	100.0	267,115	100.0	320,716	100.0	△53,601	△16.7

(注) その他には、交通安全対策特別交付金及び国有提供施設等所在市町村助成交付金を含む。

国庫支出金の内訳をみると、新型コロナウイルス感染症対策関連の国庫支出金の合計は10兆40億円となり、国庫支出金総額の37.5％を占めている。

カ 都道府県支出金

市町村が都道府県から交付を受ける都道府県支出金の決算額は4兆6,987億円で、障害者自立支援給付費等負担金の増加等により、前年度と比べると2.2％増となっている。

都道府県支出金の内訳をみると、国庫財源を伴うものが65.0％、都道府県費のみのものが35.0％となっている。

キ 地方債

地方債の発行状況は、**第20表**のとおりである。地方債の決算額は8兆7,812億円で、臨時財政対策債の減少等により、前年度と比べると25.2％減となっている。

3

地方財源の状況

第20表 地方債の発行状況 （単位 億円・%）

区　分	令和4年度						令和3年度		増減額	増減率
	都道府県 発行額	構成比	市町村 発行額	構成比	純計額 発行額	構成比	純計額 発行額	構成比		
公共事業等債	9,518	20.8	3,312	7.9	12,830	14.6	12,839	10.9	△ 9	△ 0.1
防災・減災・国土強靱化緊急対策事業債	5,525	12.0	1,539	3.6	7,064	8.0	8,596	7.3	△ 1,532	△ 17.8
公営住宅建設事業債	644	1.4	966	2.3	1,610	1.8	1,656	1.4	△ 46	△ 2.8
災害復旧事業債	1,075	2.3	784	1.9	1,859	2.1	2,258	1.9	△ 400	△ 17.7
教育・福祉施設等整備事業債	1,018	2.2	5,548	13.2	6,567	7.5	6,165	5.2	401	6.5
一般単独事業債	13,144	28.7	13,660	32.4	26,804	30.5	27,226	23.2	△ 422	△ 1.6
うち地方道路等整備事業債	2,549	5.6	1,252	3.0	3,801	4.3	3,649	3.1	152	4.2
うち旧合併特例事業債	86	0.2	2,586	6.1	2,672	3.0	2,970	2.5	△ 298	△ 10.0
うち緊急防災・減災事業債	979	2.1	1,863	4.4	2,842	3.2	3,129	2.7	△ 286	△ 9.1
うち公共施設等適正管理推進事業債	1,839	4.0	3,463	8.2	5,302	6.0	4,934	4.2	368	7.5
うち緊急自然災害防止対策事業債	2,189	4.8	1,192	2.8	3,381	3.8	2,794	2.4	587	21.0
うち緊急浚渫推進事業債	829	1.8	173	0.4	1,002	1.1	797	0.7	205	25.6
辺地対策事業債	–	–	435	1.0	435	0.5	482	0.4	△ 47	△ 9.7
過疎対策事業債	–	–	4,335	10.3	4,335	4.9	4,008	3.4	327	8.2
行政改革推進債	780	1.7	212	0.5	992	1.1	1,104	0.9	△ 112	△ 10.1
退職手当債	56	0.1	–	–	56	0.1	106	0.1	△ 50	△ 47.1
財源対策債	4,455	9.7	2,092	5.0	6,547	7.5	6,752	5.7	△ 204	△ 3.0
減収補塡債	1	0.0	16	0.0	17	0.0	39	0.0	△ 22	△ 55.9
臨時財政対策債	8,817	19.2	7,585	18.0	16,402	18.7	44,213	37.6	△ 27,811	△ 62.9
調整債	63	0.1	130	0.3	193	0.2	72	0.1	121	166.5
減収補塡債特例分	–	–	1	0.0	1	0.0	1	0.0	△ 0	△ 14.3
猶予特例債	–	–	–	–	–	–	0	0.0	△ 0	皆減
特別減収対策債	–	–	0	0.0	0	0.0	39	0.0	△ 39	△ 99.5
その他	771	1.7	1,550	3.6	2,101	2.5	1,897	1.9	204	10.7
合計	45,867	100.0	42,166	100.0	87,812	100.0	117,454	100.0	△ 29,641	△ 25.2

　団体区分別にみると、都道府県においては4兆5,867億円で、前年度と比べると29.9％減、市町村においては4兆2,166億円で、前年度と比べると19.3％減となっている。また、地方債依存度（歳入総額に占める地方債の割合）は7.2％で、前年度と比べると2.0ポイント低下している。

ク　その他の収入

　その他の収入の状況は、**第21表**のとおりである。決算額は20兆7,845億円で、基金からの繰入金の増加等により、前年度と比べると5.7％増となっている。

第21表	その他の収入の状況										(単位　億円・%)

区　　分	令和4年度						令和3年度		増減額	増減率
	都道府県 決算額	構成比	市　町　村 決算額	構成比	純　計　額 決算額	構成比	純　計　額 決算額	構成比		
使　用　料　（＊）	6,133	5.4	8,473	8.1	14,607	7.0	14,328	7.3	278	1.9
う ち 授 業 料	2,167	1.9	198	0.2	2,365	1.1	2,407	1.2	△ 42	△ 1.7
うち公営住宅使用料	2,178	1.9	3,037	2.9	5,215	2.5	5,296	2.7	△ 81	△ 1.5
手　数　料　（＊）	1,865	1.6	3,748	3.6	5,614	2.7	5,652	2.9	△ 38	△ 0.7
繰　　入　　金	20,971	18.4	19,967	19.2	40,938	19.7	28,385	14.4	12,553	44.2
うち他会計からの繰入金	166	0.1	1,284	1.2	1,450	0.7	1,142	0.6	308	27.0
うち基金からの繰入金	20,805	18.2	18,633	17.9	39,437	19.0	27,194	13.8	12,244	45.0
諸　　収　　入	60,569	53.1	26,364	25.3	80,367	38.7	86,055	43.8	△5,688	△ 6.6
う ち 預 金 利 子	2	0.0	3	0.0	5	0.0	8	0.0	△ 3	△42.1
うち貸付金元利収入	51,073	44.8	14,043	13.5	64,789	31.2	70,979	36.1	△6,190	△ 8.7
繰　　越　　金	19,447	17.1	25,814	24.8	45,261	21.8	42,659	21.7	2,601	6.1
分 担 金 ・ 負 担 金	2,759	2.4	4,988	4.8	4,032	1.9	4,073	2.1	△ 41	△ 1.0
財　産　収　入	2,039	1.8	4,485	4.3	6,525	3.1	6,381	3.2	144	2.3
寄　　附　　金	248	0.2	10,256	9.9	10,503	5.1	9,055	4.6	1,447	16.0
合　　　　　計	114,031	100.0	104,097	100.0	207,845	100.0	196,588	100.0	11,257	5.7

3

地方財源の状況

4 地方経費の内容

　普通会計の歳出決算額について、主な行政目的に従って、生活・福祉の充実、教育と文化、土木建設、産業の振興、保健衛生、警察と消防に分けてその状況をみると、以下のとおりである。

(1) 生活・福祉の充実

⑦ 社会福祉行政

　地方公共団体は、社会福祉の充実を図るため、児童、高齢者、障害者等のための福祉施設の整備及び運営、生活保護の実施等の施策を行っている。

　これらの諸施策に要する経費である民生費の決算額は 30 兆 2,720 億円で、子育て世帯等臨時特別支援事業等の新型コロナウイルス感染症対応に係る事業費の減少等により、前年度と比べると3.3 ％減となっている。

　また、団体区分別にみると、市町村の決算額は都道府県の約 2.7 倍となっている。これは、児童福祉に関する事務及び社会福祉施設の整備・運営事務が主として市町村によって行われていることや、生活保護に関する事務が市町村（町村については、福祉事務所を設置している町村に限る。）によって行われていること等によるものである。

　民生費の目的別内訳の状況は、**第 27 図**のとおりである。また、主な費目の決算額を前年度と比べると、児童福祉費が 11.0 ％減、社会福祉費[*3]が 1.4 ％減、老人福祉費が 5.4 ％増、生活保護費が0.1 ％減となっている。

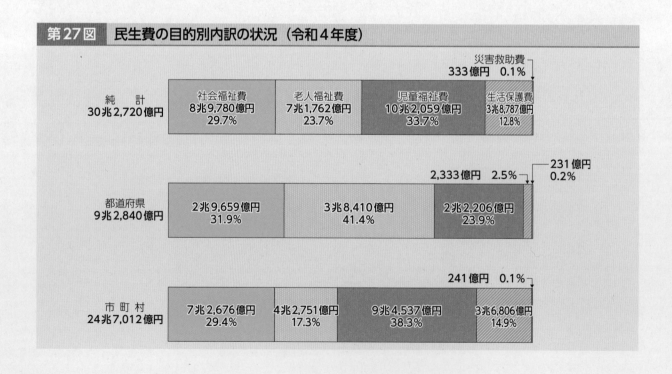

第 27 図　民生費の目的別内訳の状況（令和 4 年度）

---

*3　障害者等の福祉や他の福祉に分類できない総合的な福祉向上に要する経費

　これを団体区分別にみると、都道府県においては、後期高齢者医療事業会計、介護保険事業会計への負担金を拠出していることから、老人福祉費の構成比が最も大きく、以下、社会福祉費、児童福祉費の順となっている。市町村においては、児童福祉に関する事務及び社会福祉施設の整備・運営事務を主に行っていることから、児童福祉費の構成比が最も大きく、以下、社会福祉費、老人福祉費、生活保護費の順となっている。

　民生費の目的別歳出の推移は、第28図のとおりである。

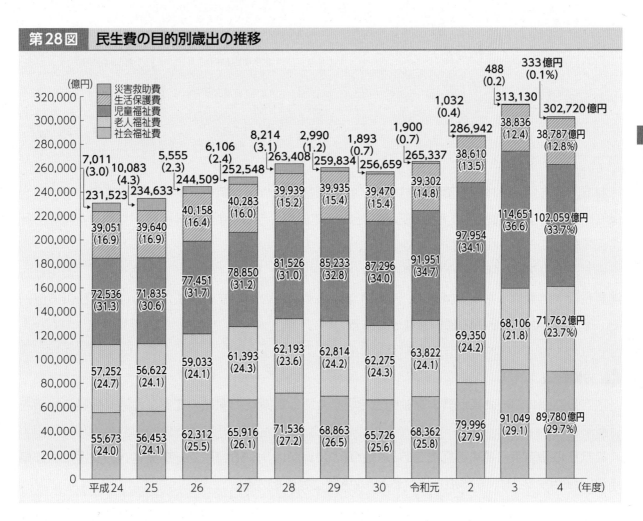

第28図　民生費の目的別歳出の推移

　10年前（平成24年度）と比べると、児童福祉費は約1.4倍、社会福祉費は約1.6倍、老人福祉費は約1.3倍、生活保護費はほぼ同じであり、民生費総額は約1.3倍となっている。

　民生費の性質別内訳の状況は、第29図のとおりである。また、主な費目の決算額を前年度と比べると、子育て世帯等臨時特別支援事業等の新型コロナウイルス感染症対応に係る事業費の減少等により、扶助費が7.8%減、後期高齢者医療事業会計や国民健康保険事業会計への繰出金の増加等により、繰出金が2.2%増、生活福祉資金の貸付事業費の減少等により、補助費等が3.7%減となっている。

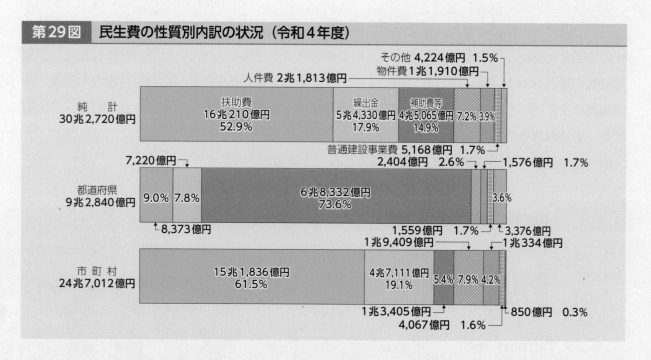

第29図　民生費の性質別内訳の状況（令和4年度）

なお、地方公共団体の決算額において、社会福祉行政や保健衛生（本節（5））等のうち、社会保障施策に要する経費は20兆7,135億円となっており、うち社会保障4経費*4に則った範囲の社会保障給付に充てられた経費は15兆9,980億円となっている。

一方、平成26年4月1日及び令和元年10月1日に引き上げられた税率に係る令和4年度の地方消費税収入の額は3兆4,944億円、令和4年度の消費税の地方交付税法定率分は4兆5,005億円で、その合計は7兆9,948億円となっている。

イ　労働行政

地方公共団体は、就業者等の福祉向上を図るため、職業能力開発の充実、金融対策等の施策を行っている。

これらの諸施策に要する経費である労働費の決算額は2,656億円で、事業者への支援に係る事業費の減少等により、前年度と比べると6.2%減となっている。

労働費の性質別内訳の状況は、**第30図**のとおりである。また、主な費目の決算額を前年度と比べると、物件費が3.0%増、人件費が2.3%減、補助費等が18.6%減、貸付金が7.5%減となっている。

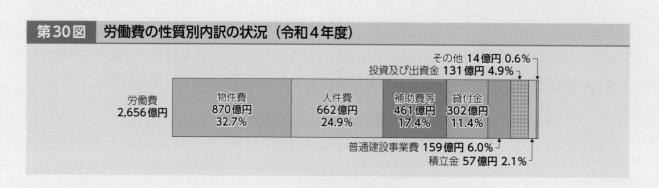

第30図　労働費の性質別内訳の状況（令和4年度）

*4　「消費税法」（昭和63年法律第108号）第1条第2項に規定された、制度として確立された年金、医療及び介護の社会保障給付並びに少子化に対処するための施策に要する経費

(2)　教育と文化

地方公共団体は、教育の振興と文化の向上を図るため、学校教育、社会教育等の教育文化行政を行っている。

これらの諸施策に要する経費である教育費の決算額は17兆7,681億円で、東京2020オリンピック・パラリンピック競技大会関連事業費の減少等により、前年度と比べると0.1％減となっている。

教育費の目的別内訳の状況は、**第31図**のとおりである。また、主な費目の決算額を前年度と比べると、小学校費が1.1％増、教育総務費*5が0.4％増、中学校費が1.7％増、高等学校費が2.8％減となっている。

第31図　教育費の目的別内訳の状況（令和4年度）

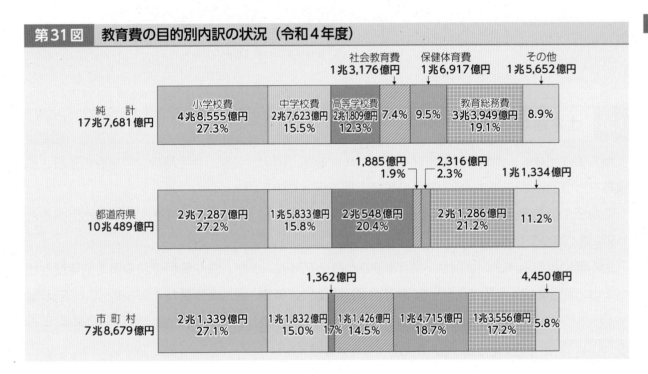

目的別の構成比を団体区分別にみると、都道府県においては、政令指定都市を除く市町村立義務教育諸学校の人件費を負担していること等により、小学校費が最も大きな割合を占め、以下、教育総務費、高等学校費、中学校費の順となっている。市町村においては、義務教育諸学校の管理・運営や給食等に要する経費を主に負担していること等により、小学校費が最も大きな割合を占め、以下、保健体育費*6、教育総務費、中学校費、社会教育費の順となっている。

教育費の性質別内訳の状況は、**第32図**のとおりである。また、主な費目の決算額を前年度と比べると、人件費が0.1％増、物件費が6.0％増、普通建設事業費が4.8％減となっている。

＊5　教職員の退職金や私立学校の振興等に要する経費
＊6　体育施設の建設・運営や体育振興及び義務教育諸学校等の給食等に要する経費

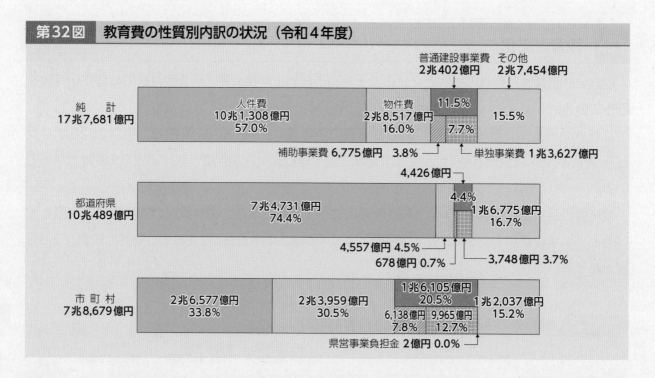

第32図 教育費の性質別内訳の状況（令和4年度）

(3) 土木建設

　地方公共団体は、地域の基盤整備を図るため、道路、河川、公園、住宅等の公共施設の建設、整備等を行うとともに、これらの施設の維持管理を行っている。

　これらの諸施策に要する経費である土木費の決算額は12兆4,444億円で、前年度と比べると1.9％減となっている。

　土木費の目的別内訳の状況は、**第33図**のとおりである。また、主な費目の決算額を前年度と比べると、道路橋りょう費が3.5％減、都市計画費*7が1.1％増、河川海岸費が4.0％減となっている。

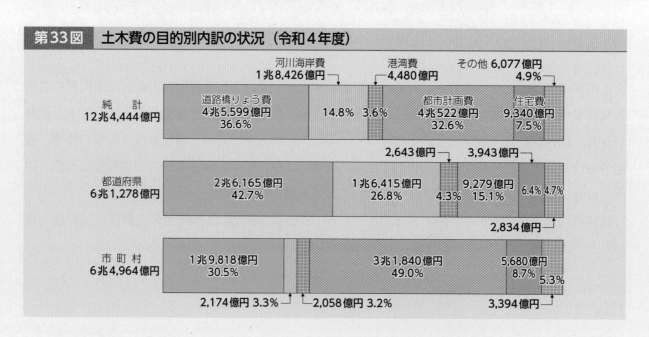

第33図 土木費の目的別内訳の状況（令和4年度）

　土木費の性質別内訳の状況は、**第34図**のとおりである。また、主な費目の決算額を前年度と比べると、普通建設事業費が3.9％減、補助費等が0.3％減となっている。

---

*7　街路、公園、下水道等の整備、区画整理等に要する経費

第34図　土木費の性質別内訳の状況（令和4年度）

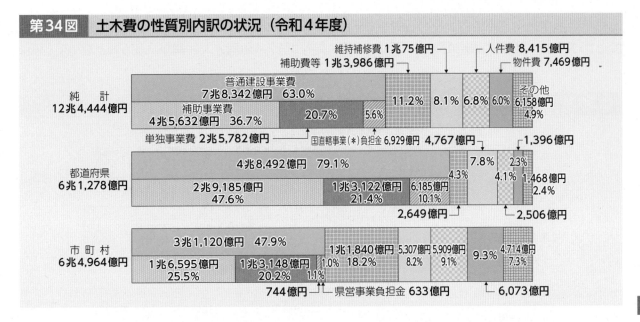

(4)　産業の振興

ア　農林水産行政

　地方公共団体は、農林水産業の振興と食料の安定的供給を図るため、生産基盤の整備、構造改善、消費流通対策、農林水産業に係る技術の開発・普及等の施策に加え、6次産業化等の推進、人口減少社会における農山漁村の活性化等の施策を行っている。

　これらの諸施策に要する経費である農林水産業費の決算額は3兆3,624億円で、畜産業費の増加等により、前年度と比べると1.8%増となっている。

　農林水産業費の目的別内訳の状況は、第35図のとおりである。また、主な費目の決算額を前年度と比べると、農地費[8]が1.9%減、農業費が2.3%増、林業費が0.0%増、水産業費が1.1%減となっている。

第35図　農林水産業費の目的別内訳の状況（令和4年度）

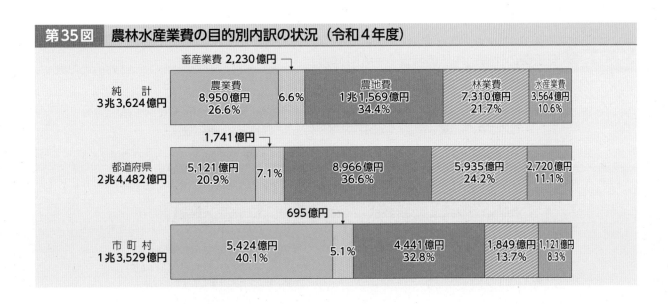

[8]　農業基盤整備等に要する経費

農林水産業費の性質別内訳の状況は、**第36図**のとおりである。また、主な費目の決算額を前年度と比べると、普通建設事業費が4.2％減、補助費等が17.4％増、人件費が0.3％減となっている。

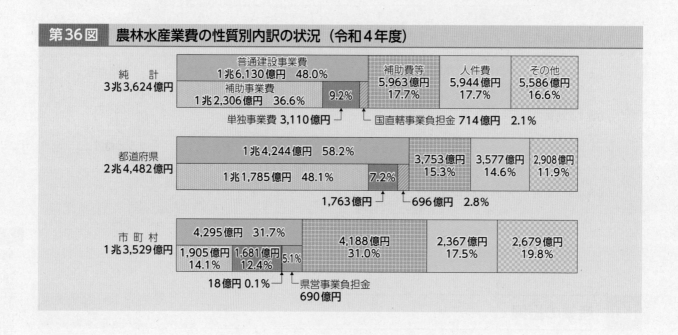

第36図 農林水産業費の性質別内訳の状況（令和4年度）

イ 商工行政

地方公共団体は、地域における商工業の振興とその経営の強化等を図るため、中小企業の経営力・技術力の向上、地域エネルギー事業の推進、企業誘致、消費流通対策等様々な施策を行っている。

これらの諸施策に要する経費である商工費の決算額は10兆3,163億円で、営業時間短縮要請等に応じた事業者に対する協力金の給付等の新型コロナウイルス感染症対策に係る事業費の減少等により、前年度と比べると31.1％減となっている。

商工費の性質別内訳の状況は、**第37図**のとおりである。また、主な費目の決算額を前年度と比べると、制度融資の減少等により、貸付金が10.1％減、前述した営業時間短縮要請等に応じた事業者に対する協力金の給付等の減少等により、補助費等が61.8％減となっている。

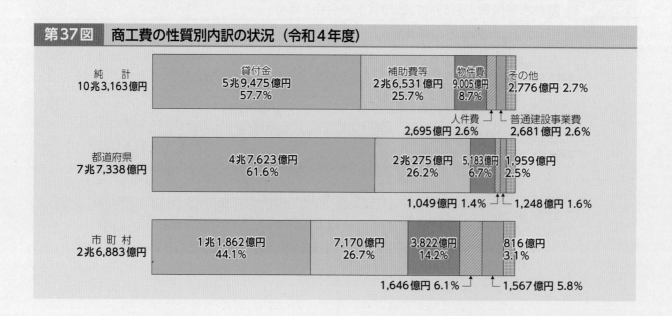

第37図 商工費の性質別内訳の状況（令和4年度）

(5) 保健衛生

　地方公共団体は、住民の健康を保持増進し、生活環境の改善を図るため、医療、公衆衛生、精神衛生等に係る対策を推進するとともに、ごみなど一般廃棄物の収集・処理等、住民の日常生活に密着した諸施策を行っている。

　これらの諸施策に要する経費である衛生費の決算額は12兆2,250億円で、宿泊療養施設や自宅療養者への支援等の新型コロナウイルス感染症対策に係る事業費の増加等により、前年度と比べると7.5％増となっている。

　衛生費の目的別内訳の状況は、**第38図**のとおりである。また、主な費目の決算額を前年度と比べると、公衆衛生費[*9]が6.8％増、清掃費[*10]が1.4％増となっている。

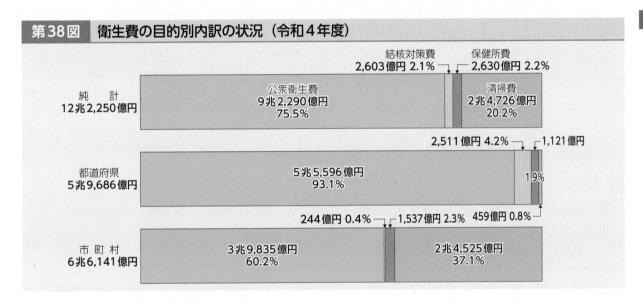

第38図　衛生費の目的別内訳の状況（令和4年度）

　目的別の構成比を団体区分別にみると、都道府県においては、公衆衛生費が93.1％と大宗を占め、市町村においては、都道府県同様、公衆衛生費が60.2％と大きな割合を占めているものの、一般廃棄物の収集・処理等を行っていることから、清掃費が37.1％となっている。

　衛生費の性質別内訳の状況は、**第39図**のとおりである。また、主な費目の決算額を前年度と比べると、前述した宿泊療養施設や自宅療養者への支援等に係る事業費の増加等により、物件費が6.4％増、補助費等が3.5％増となっている。

第39図　衛生費の性質別内訳の状況（令和4年度）

---

*9　保健衛生、精神衛生、母子衛生等に要する経費
*10　一般廃棄物等の収集・処理等に要する経費

(6) 警察と消防

ア 警察行政

　都道府県は、犯罪の防止、交通安全の確保その他地域社会の安全と秩序を維持し、国民の生命、身体及び財産を保護するため、警察行政を行っている。

　これらの諸施策に要する経費である警察費の決算額は3兆3,304億円で、物件費の増加等により、前年度と比べると1.2%増となっている。

　警察費の性質別内訳の状況は、**第40図**のとおりである。また、主な費目の決算額を前年度と比べると、人件費が0.5%増、物件費が3.5%増となっている。

第40図　警察費の性質別内訳の状況（令和4年度）

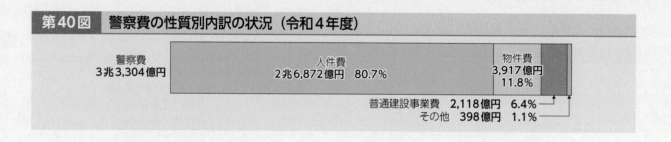

イ 消防行政

　東京都及び市町村は、火災、風水害、地震等の災害から国民の生命、身体及び財産を守り、これらの災害を防除し、被害を軽減するほか、災害等による傷病者の搬送を適切に行うため、消防行政を行っている。

　これらの諸施策に要する経費である消防費の決算額は1兆9,873億円で、消防施設の整備、消防自動車の購入等に要する経費の減少等により、前年度と比べると0.8%減となっている。

　消防費の性質別内訳の状況は、**第41図**のとおりである。また、主な費目の決算額を前年度と比べると、人件費が2.4%増、普通建設事業費が18.9%減、物件費が0.6%増となっている。

第41図　消防費の性質別内訳の状況（令和4年度）

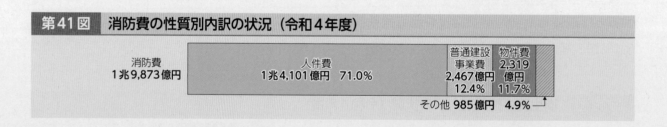

5　地方経費の構造

普通会計の歳出決算額について、経済的性質に従って、義務的経費、投資的経費、その他の経費に分けてその状況をみると、以下のとおりである。

(1)　義務的経費

ア　人件費

（ア）人件費の状況

人件費は、職員給、地方公務員共済組合等負担金、退職金、委員等報酬等からなっている。

人件費の決算額は23兆839億円で、委員等報酬、地方公務員共済組合等負担金の増加等により、前年度と比べると0.3％増となっている。

人件費の歳出総額に占める割合を団体区分別にみると、都道府県が、政令指定都市を除く市町村立義務教育諸学校教職員の人件費を負担していることなどから、市町村を上回っている。

人件費の費目別内訳の状況は、**第42図**のとおりである。また、主な費目の決算額を前年度と比べると、職員給が0.1％増、地方公務員共済組合等負担金が1.0％増となっている。

第42図　人件費の費目別内訳の状況（令和4年度）

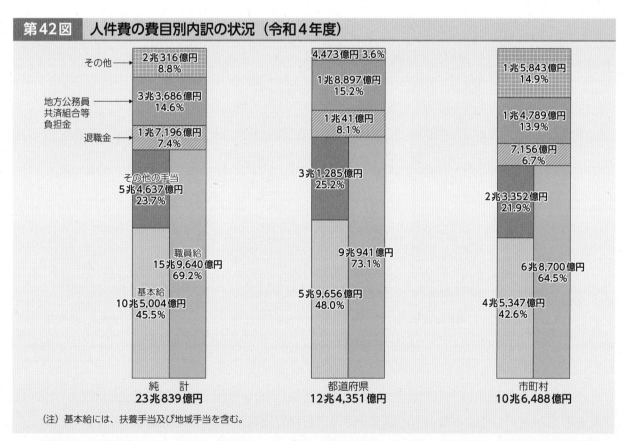

（注）基本給には、扶養手当及び地域手当を含む。

職員給の決算額は15兆9,640億円で、ピーク時の平成10年度と比較すると約8割まで減少している。

職員給の部門別構成比の状況は、**第43図**のとおりである。

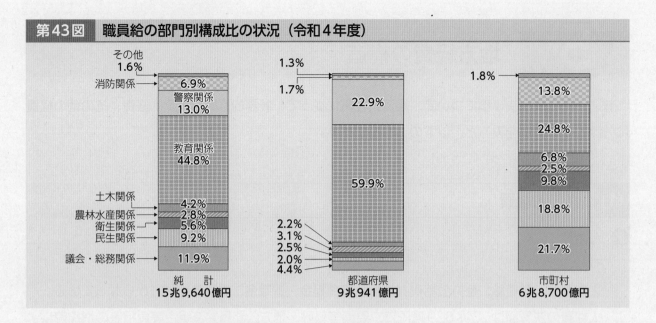

第43図　職員給の部門別構成比の状況（令和4年度）

純　計
15兆9,640億円

部門	構成比
その他	1.6%
消防関係	6.9%
警察関係	13.0%
教育関係	44.8%
土木関係	4.2%
農林水産関係	2.8%
衛生関係	5.6%
民生関係	9.2%
議会・総務関係	11.9%

都道府県
9兆941億円

1.3%
1.7%
22.9%
59.9%
2.2%
3.1%
2.5%
2.0%
4.4%

市町村
6兆8,700億円

1.8%
13.8%
24.8%
6.8%
2.5%
9.8%
18.8%
21.7%

　職員給の部門別構成比を団体区分別にみると、都道府県においては、政令指定都市を除く市町村立義務教育諸学校教職員の人件費を負担していることから、教育関係が最も大きな割合を占め、警察関係と合わせて全体の82.8%を占めている。市町村においては、教育関係が最も大きな割合を占めている。

　人件費の財源内訳の状況は**第44図**のとおりであり、一般財源等（＊）が最も大きな割合を占めている。

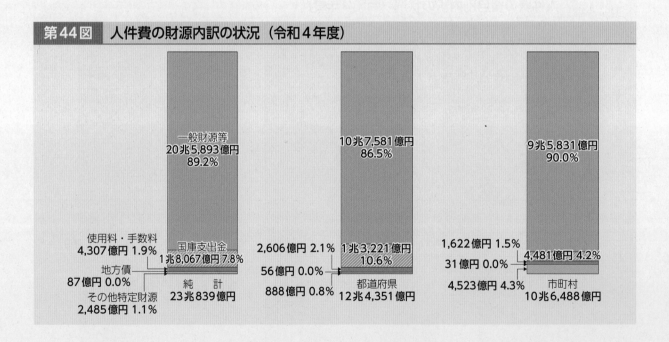

第44図　人件費の財源内訳の状況（令和4年度）

純　計
23兆839億円

一般財源等
20兆5,893億円
89.2%
使用料・手数料
4,307億円 1.9%
国庫支出金
1兆8,067億円 7.8%
地方債
87億円 0.0%
その他特定財源
2,485億円 1.1%

都道府県
12兆4,351億円

10兆7,581億円
86.5%
2,606億円 2.1%
1兆3,221億円 10.6%
56億円 0.0%
888億円 0.8%

市町村
10兆6,488億円

9兆5,831億円
90.0%
1,622億円 1.5%
4,481億円 4.2%
31億円 0.0%
4,523億円 4.3%

　ここで、国庫支出金の構成比について、都道府県が10%を超え、市町村を上回っているのは、都道府県が負担している政令指定都市を除く市町村立義務教育諸学校教職員の人件費について、国庫負担制度（義務教育費国庫負担金）が設けられていること等によるものである。

　なお、近年の人件費の歳出総額に占める割合及び人件費に充当された一般財源の一般財源総額に占める割合の推移は、**第45図**及び**第46図**のとおりである。人件費の歳出総額に占める割合は、令和2年度に新型コロナウイルス感染症対策に係る補助費等の増加等により低下したが、令

和4年度は、人件費の決算額が増加し、補助費等が減少したこと等により、前年度から1.1ポイント上昇の19.7%となっている。

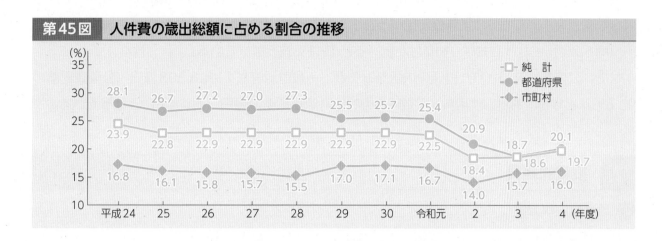

第45図　人件費の歳出総額に占める割合の推移

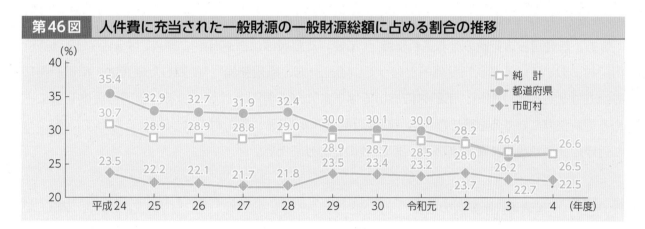

第46図　人件費に充当された一般財源の一般財源総額に占める割合の推移

（イ）地方公務員の数

　地方公共団体の職員数（普通会計分）は、事務事業の見直し、組織の合理化、民間委託等の取組が行われたことなどから、平成7年以降21年連続して減少したが、平成28年に増加に転じ、令和4年4月1日現在の職員数は245万4,536人で、前年同期と比べると0.1%増となっている。

イ　扶助費

　扶助費は、社会保障制度の一環として、生活困窮者、児童、障害者等を援助するために要する経費である。

　扶助費の決算額は17兆3,686億円で、子育て世帯等臨時特別支援事業等の新型コロナウイルス感染症対応に係る事業費の減少等により、前年度と比べると6.4%減となっている。

　なお、扶助費に充当された財源の内訳をみると、生活保護費負担金、児童手当等交付金等の国庫支出金が9兆6,588億円（扶助費総額の55.6%）で最も大きな割合を占め、次いで一般財源等が7兆3,043億円（同42.1%）となっている。

ウ　公債費

　公債費は、地方債元利償還金及び一時借入金利子の支払いに要する経費である。

　公債費の決算額は12兆3,749億円で、元利償還金の減少等により、前年度と比べると2.1％減となっている。

　公債費の内訳をみると、地方債元金償還金が11兆6,113億円（公債費総額の93.8％）で最も大きな割合を占めており、前年度と比べると1.3％減となっている。また、地方債利子は7,629億円（同6.2％）となっており、前年度と比べると12.1％減となっている。

　なお、公債費に充当された財源の内訳をみると、一般財源等が11兆8,308億円（公債費総額の95.6％）となっており、使用料・手数料等の特定財源が5,440億円（同4.4％）となっている。

(2)　投資的経費

ア　普通建設事業費

　普通建設事業費は、公共又は公用施設の新増設・更新等に要する経費である。

　普通建設事業費の決算額は14兆5,802億円で、補助事業費の減少等により、前年度と比べると4.7％減となっている。

　なお、普通建設事業費のうち更新整備[11]に要した経費は、都道府県においては3兆1,331億円、市町村においては4兆3,192億円となっている。一方、新規整備[12]に要した経費は、都道府県においては2兆6,301億円、市町村においては1兆7,561億円となっている。普通建設事業費に占める更新整備に要する経費の割合は、都道府県では40.3％、市町村では58.4％となっている。

　近年の普通建設事業費の推移は、第22表のとおりである。

第22表　普通建設事業費の推移

（単位　億円・％）

区　　分		平成24年度	25	26	27	28	29	30	令和元年度	2	3	4
普通建設事業費	(A)	124,490	141,914	147,786	141,838	143,069	143,206	147,644	154,164	158,663	153,028	145,802
うち 補助事業費	(B)	61,391	78,488	77,416	72,070	71,241	73,010	70,252	75,855	82,416	80,754	74,183
うち 単独事業費	(C)	53,933	55,806	63,364	62,596	64,006	62,978	70,208	70,084	67,074	64,492	63,977
うち 国直轄事業負担金	(D)	9,165	7,620	7,006	7,172	7,821	7,217	7,184	8,225	9,173	7,782	7,643
普通建設事業費に占める割合 (B)/(A)		49.3	55.3	52.4	50.8	49.8	51.0	47.6	49.2	51.9	52.8	50.9
普通建設事業費に占める割合 (C)/(A)		43.3	39.3	42.9	44.1	44.7	44.0	47.6	45.5	42.3	42.1	43.9

（ア）普通建設事業費の目的別内訳

　普通建設事業費の目的別内訳の状況は、第47図のとおりである。また、主な費目の決算額を前年度と比べると、土木費が3.9％減、教育費が4.8％減、農林水産業費が4.2％減となっている。

＊11　既存の公共施設等の建替え等（移転、集約化、複合化を含む。）の更新や機能強化等（長寿命化改修、耐震改修、バリアフリー改修、太陽光パネルの設置等）をいう。建替え等に伴い行われる既存の公共施設等の除却も含まれる。

＊12　新たな公共施設等の建設、既存の公共施設等の別棟の増築、道路や下水管の新規区間開設等の新規公共施設等の整備をいう。

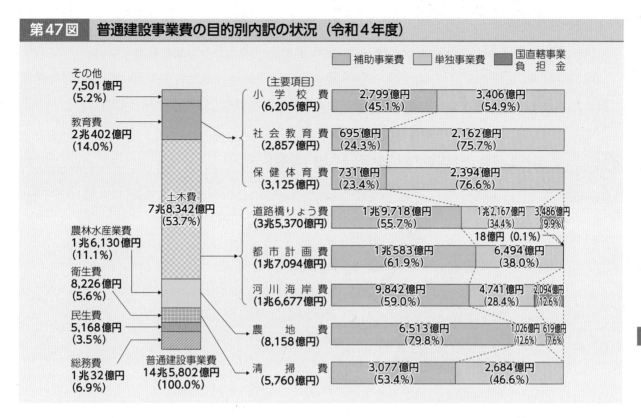

第47図　普通建設事業費の目的別内訳の状況（令和4年度）

（イ）補助事業費

　補助事業費の決算額は7兆4,183億円で、前年度と比べると8.1%減となっている。

　補助事業費の目的別内訳の状況は、**第48図**のとおりである。また、主な費目の決算額を前年度と比べると、土木費が6.6%減、農林水産業費が5.5%減となっている。

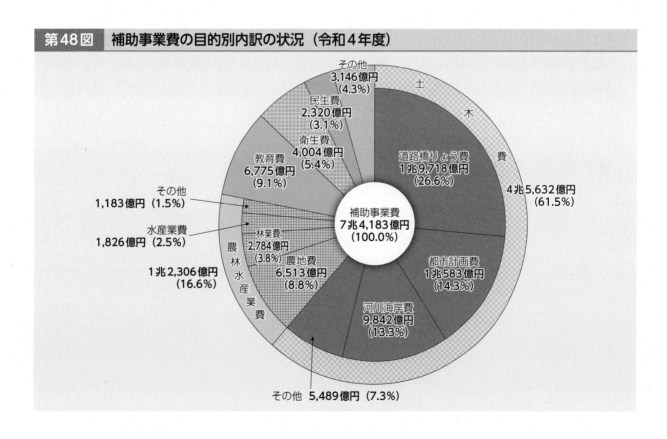

第48図　補助事業費の目的別内訳の状況（令和4年度）

5

地方経費の構造

（ウ）単独事業費

単独事業費の決算額は6兆3,977億円で、前年度と比べると0.8%減となっている。

単独事業費の目的別内訳の状況は、**第49図**のとおりである。また、主な費目の決算額を前年度と比べると、土木費が0.6%増、教育費が0.4%減、総務費が2.3%減となっている。

第49図 単独事業費の目的別内訳の状況（令和4年度）

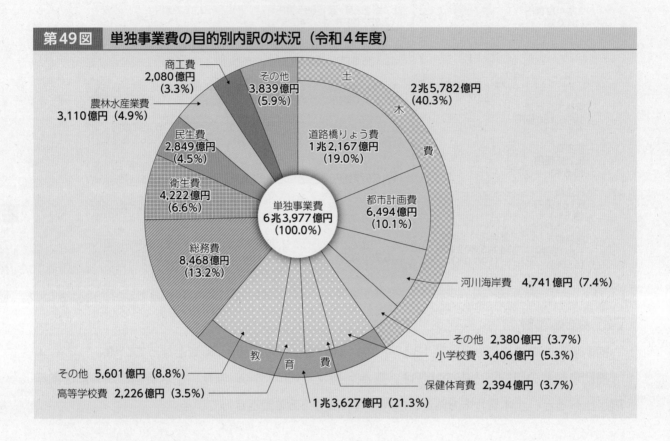

（エ）国直轄事業負担金

国直轄事業負担金の決算額は7,643億円で、前年度と比べると1.8%減となっている。

国直轄事業負担金の目的別内訳をみると、土木費が最も大きな割合を占めており、前年度と比べると1.3%減となっている。

（オ）普通建設事業費の充当財源

普通建設事業費の財源構成比の推移は、**第50図**のとおりである。

第50図　普通建設事業費の財源構成比の推移

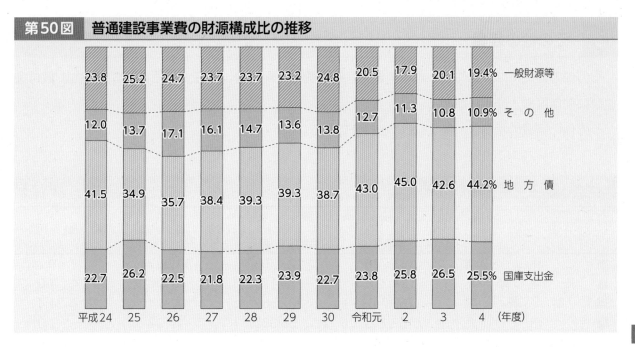

5
地方経費の構造

イ　災害復旧事業費

　災害復旧事業費は、地震、豪雨、台風等の災害によって被災した施設を原形に復旧するために要する経費である。

　災害復旧事業費の決算額は5,469億円で、前年度と比べると22.6％減となっている。

　災害復旧事業費の状況は、第51図のとおりである。また、主な費目の決算額を前年度と比べると、補助事業費が28.4％減、単独事業費が4.7％減となっている。

第51図　災害復旧事業費の状況（令和4年度）

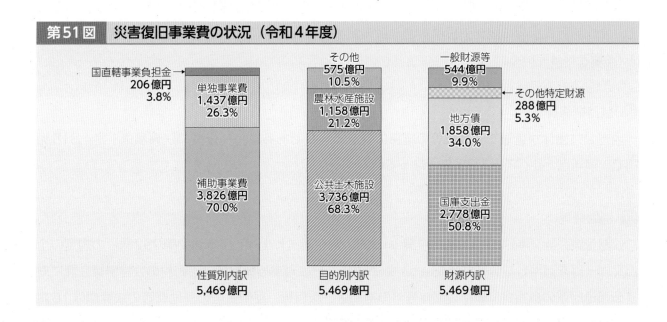

ウ　失業対策事業費

　失業対策事業費は、失業者に就業の機会を与えることを主たる目的として、道路、河川、公園の整備等を行う事業に要する経費である。

　失業対策事業費の決算額は0.2億円で、前年度と比べると14.3％増となっている。

(3) その他の経費

　その他の経費には、物件費、維持補修費、補助費等、繰出金、積立金、投資及び出資金、貸付金並びに前年度繰上充用金がある。

　その他の経費の状況は、**第23表**のとおりである。

第23表 その他の経費の状況				（単位　億円・%）
区　分	決　算　額		増　減　額	増　減　率
	令和4年度	令和3年度		
物　件　費	135,728	123,765	11,963	9.7
維　持　補　修　費	14,315	14,175	140	1.0
補　助　費　等	163,242	207,566	△44,324	△21.4
繰　出　金	57,715	56,583	1,133	2.0
積　立　金	51,840	54,517	△ 2,677	△ 4.9
投　資　及　び　出　資　金	6,617	3,875	2,742	70.8
貸　付　金	64,552	71,115	△ 6,563	△ 9.2
前　年　度　繰　上　充　用　金	2	2	0	8.2
合　　計	494,012	531,598	△37,586	△ 7.1

（注）積立金には、歳計余剰金処分による積立金は含まれていない。

⑦ 物件費

　旅費、備品購入費、需用費、役務費、委託料等の経費である物件費の決算額は13兆5,728億円で、全国旅行支援等の観光支援事業や消費喚起事業の委託料の増加等により、前年度と比べると9.7%増となっている。

⑦ 維持補修費

　地方公共団体が管理する施設等の維持に要する経費である維持補修費の決算額は1兆4,315億円で、前年度と比べると1.0%増となっている。

⑦ 補助費等

　公営企業会計（＊）（うち法適用企業（「地方公営企業法」（昭和27年法律第292号）の規定の全部又は一部を適用している事業をいう。以下同じ。））に対する負担金、市町村の公営事業会計に対する都道府県の負担金、様々な団体等への補助金、報償費、寄附金等の補助費等の決算額は16兆3,242億円で、営業時間短縮要請等に応じた事業者に対する協力金の給付等の新型コロナウイルス感染症対策に係る事業費の減少等により、前年度と比べると21.4%減となっている。

　補助費等のうち、経費負担区分の原則により、普通会計が負担する法適用企業に対する負担金及び補助金は2兆1,871億円で、前年度と比べると2.1%増となっている。事業別にみると、下水道事業に対するものが1兆3,002億円で最も大きな割合を占め、次いで病院事業に対するものが6,192億円となっている。

エ　繰出金

　普通会計から公営事業会計や基金に支出する経費である繰出金の決算額は5兆7,715億円で、後期高齢者医療事業会計への繰出金の増加等により、前年度と比べると2.0%増となっている。

　また、各会計別の決算額を前年度と比べると、国民健康保険事業会計に対するものが1.7%増、介護保険事業会計に対するものが1.0%増、後期高齢者医療事業会計に対するものが4.0%増となっている。

　公営企業会計（うち法非適用企業（地方公営企業法の規定を適用していない事業をいう。以下同じ。））に対する繰出金は、経費負担区分の原則により、普通会計が負担するものであり、決算額は3,195億円で、前年度と比べると6.8%増となっている。事業別にみると、下水道事業に対するものが1,449億円で最も大きな割合を占めており、次いで宅地造成事業に対するものが712億円となっている。

オ　積立金

　特定の目的のための財産を維持し、又は資金を積み立てるための経費である積立金の決算額は5兆1,840億円である。これに歳計剰余金処分による積立金を含めた決算額は5兆5,807億円であり、前年度と比べると3.3%減となっている。

　一方、積立金取崩し額の決算額は3兆7,514億円で、前年度と比べると46.4%増となっている。

　積立金及び積立金取崩し額の状況は、第52図のとおりである。

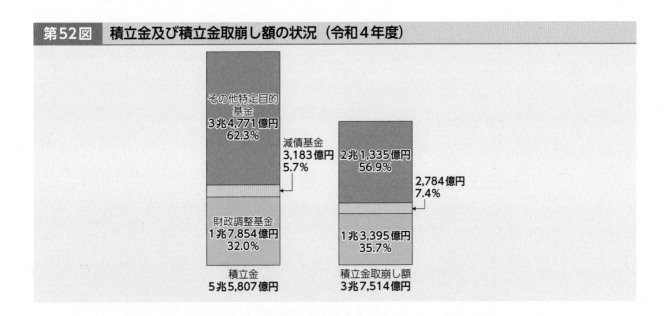

第52図　積立金及び積立金取崩し額の状況（令和4年度）

カ　投資及び出資金

　国債・地方債の取得や第三セクター等（＊）への出えん、出資等のための経費である投資及び出資金の決算額は6,617億円で、公社・協会等に対する出資金や下水道事業等の公営企業への出資金の増加等により、前年度と比べると70.8%増となっている。

　投資及び出資金のうち、公営企業会計（うち法適用企業）に対するものは3,102億円で、前年度と比べると3.7%増となっている。事業別にみると、下水道事業に対するものが最も大きな割合を占めており、以下、上水道事業、病院事業の順となっている。

キ　貸付金

　地方公共団体が様々な行政施策上の目的のために地域の住民、企業等に貸し付ける貸付金の決算額は 6 兆 4,552 億円で、制度融資の減少等により、前年度と比べると 9.2％減となっている。

　公営企業会計（うち法適用企業）に対する貸付金は 581 億円で、前年度と比べると 5.5％増となっている。

6 一部事務組合等の状況

一部事務組合等による市町村事務等の共同処理及び広域的処理の状況について、歳入歳出決算状況からみると、以下のとおりである。

(1) 団体数

令和4年度末の一部事務組合等の総数は1,265団体で、前年度末と比べると8団体減少している。なお、このうち広域的・総合的な地域振興整備や事務処理の効率化を推進するための制度である広域連合の団体数は113団体で、前年度末と同数である。

(2) 一部事務組合等の歳入歳出決算

一部事務組合等の歳入歳出決算額の状況は第53図のとおりであり、歳入決算額は2兆249億円で、前年度と比べると1.6%減、歳出決算額は1兆9,274億円で、前年度と比べると1.5%減となっている。

第53図　一部事務組合等の歳入歳出決算額の状況（令和4年度）

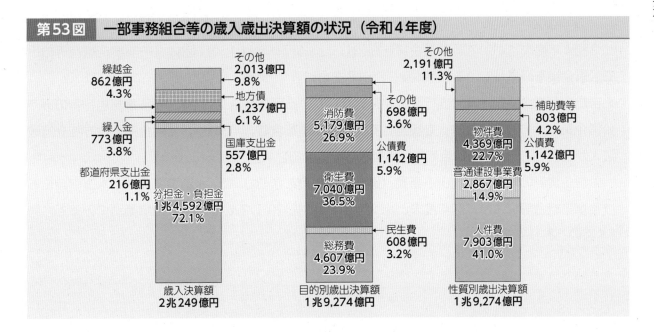

繰越金
862億円
4.3%

その他
2,013億円
9.8%

地方債
1,237億円
6.1%

繰入金
773億円
3.8%

国庫支出金
557億円
2.8%

都道府県支出金
216億円
1.1%

分担金・負担金
1兆4,592億円
72.1%

歳入決算額
2兆249億円

その他
698億円
3.6%

消防費
5,179億円
26.9%

公債費
1,142億円
5.9%

衛生費
7,040億円
36.5%

民生費
608億円
3.2%

総務費
4,607億円
23.9%

目的別歳出決算額
1兆9,274億円

その他
2,191億円
11.3%

補助費等
803億円
4.2%

物件費
4,369億円
22.7%

公債費
1,142億円
5.9%

普通建設事業費
2,867億円
14.9%

人件費
7,903億円
41.0%

性質別歳出決算額
1兆9,274億円

7　公営企業等の状況

地方公共団体の会計のうち普通会計以外として区分される公営事業会計においては、水道、交通、病院等の公営企業のほか、国民健康保険事業、後期高齢者医療事業、介護保険事業等について経理がなされており、その決算の状況等は以下のとおりである。

(1)　公営企業等

公営企業は地方公共団体が経営する企業であり、料金収入をもって経営を行う独立採算制を基本原則としながら、住民生活に身近な社会資本を整備し、必要なサービスを提供している。また、地方独立行政法人が経営する企業である公営企業型地方独立行政法人（＊）においても、公営企業と同様の役割を果たしている。

公営企業及び公営企業型地方独立行政法人（以下「公営企業等」という。）の全体及び事業別の決算について、法適用企業（公営企業型地方独立行政法人を含む。以下同じ。）と法非適用企業に分けてその状況をみると、以下のとおりである。

⑦　概況

（ア）事業数

令和4年度末において、公営企業を経営している団体数は1,781団体（一部事務組合等のみで公営企業を経営している6団体及び特別区を含む。）である。

また、公営企業型地方独立行政法人を設立している団体数は63団体（一部事務組合等のみで公営企業型地方独立行政法人を設立している4団体を含む。）であり、公営企業型地方独立行政法人が経営している事業は全て病院事業となっている。

公営企業等の事業数は8,055事業（建設中のものを含む。）で、水道事業及び下水道事業における事業統合等により、前年度末と比べると53事業減少している。これを事業別にみると、**第54図**のとおりである。

| 第54図 | 公営企業等の事業数の状況（令和4年度末） |

工業用水道 151（1.9%）
市場 147（1.8%）
駐車場 178（2.2%）
その他 412（5.1%）
観光施設 223（2.8%）
宅地造成 410（5.1%）
介護サービス 473（5.9%）
病院 680（8.4%）
事業数 8,055事業（100.0%）
下水道 3,600（44.7%）
簡易水道 468（5.8%）
上水道 1,313（16.3%）
水道 1,781（22.1%）

（イ）事業の状況

　公営企業等は、住民の生活水準の向上を図る上で大きな役割を果たしている。各事業全体の中で公営企業等が占める割合は、第24表のとおりである。

| 第24表 | 事業全体に占める公営企業等の割合 |

事　　業	指　　標	全　事　業	左記に占める公営企業等の割合
水　道　事　業	現 在 給 水 人 口	1億2,332万人	99.6%
工 業 用 水 道 事 業	年 間 総 配 水 量	41億33百万m³	99.9%
交 通 事 業（鉄軌道）	年 間 輸 送 人 員	210億54百万人	10.3%
交 通 事 業（バス）	年 間 輸 送 人 員	38億15百万人	19.4%
電　気　事　業	年 間 発 電 電 力 量	8,347億46百万kWh	0.9%
ガ　ス　事　業	年 間 ガ ス 販 売 量	1兆6,844億43百万MJ（メガジュール）	1.3%
病　院　事　業	病　床　数	1,493千床	13.6%
下　水　道　事　業	汚 水 処 理 人 口	1億1,624万人	90.4%

（注）水道事業については令和3年度、水道事業以外の事業については令和4年度の数値である。

（ウ）決算規模

　決算規模は18兆4,367億円で、物価高騰による営業費用の増加等により、前年度と比べると2.6%増となっている。

　決算規模の推移は、第55図のとおりである。

7
公営企業等の状況

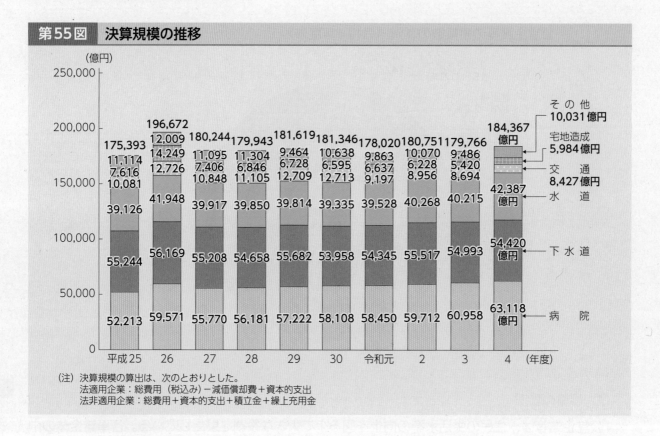

第55図　決算規模の推移

（注）　決算規模の算出は、次のとおりとした。
　　　法適用企業：総費用（税込み）－減価償却費＋資本的支出
　　　法非適用企業：総費用＋資本的支出＋積立金＋繰上充用金

（エ）　全体の経営状況

　法適用企業と法非適用企業を合わせた全体の経営状況は**第25表**のとおりであり、黒字事業数は全体の87.2％、赤字事業数は12.8％となっている。全体の総収支は8,126億円の黒字で、物価高騰による営業費用の増加等により、前年度と比べると20.3％減となっている。また、赤字額は1,408億円で、前年度と比べると0.1％減となっている。

第25表　公営企業等の経営状況

(単位　事業・億円)

区　　分	令和4年度（A）			令和3年度（B）			差引（A）－（B）		
	法適用企業	法非適用企業	合　　計	法適用企業	法非適用企業	合　　計	法適用企業	法非適用企業	合　　計
黒字事業数	3,799 (80.0%)	3,174 (97.9%)	6,973 (87.2%)	3,805 (81.4%)	3,300 (97.9%)	7,105 (88.3%)	△ 6	△126	△ 132
黒　字　額	8,679	855	9,534	10,760	842	11,602	△2,080	13	△2,068
赤字事業数	951 (20.0%)	68 (2.1%)	1,019 (12.8%)	872 (18.6%)	72 (2.1%)	944 (11.7%)	79	△ 4	75
赤　字　額	1,302	106	1,408	1,288	121	1,410	14	△ 15	△ 2
総 事 業 数	4,750	3,242	7,992	4,677	3,372	8,049	73	△130	△ 57
収　　支	7,377	749	8,126	9,471	721	10,192	△2,094	28	△2,066

（注）　1　事業数は、決算対象事業数（建設中のものを除く。）である。第26表、第28表～第37表において同じ。
　　　2　黒字額、赤字額は、法適用企業にあっては純損益、法非適用企業にあっては実質収支であり、他会計繰入金等を含む。第26表、第28表～第37表において同じ。
　　　3　（　）は、総事業数に対する割合である。

（オ）　料金収入

　料金収入は9兆6,076億円で、病院事業における患者数の増加、交通事業における旅客数の増加等により、前年度と比べると1.9％増となっている。

　これを事業別にみると、**第56図**のとおりである。

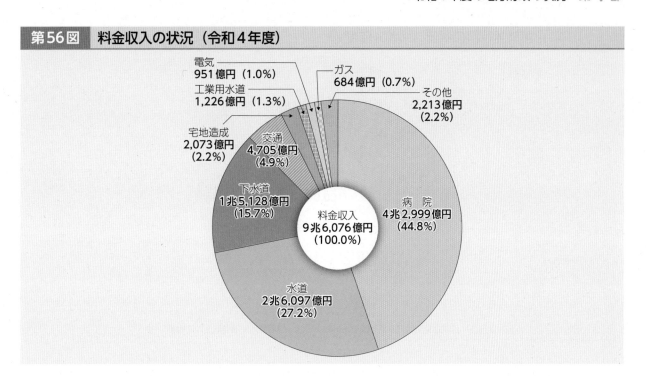

第56図　料金収入の状況（令和４年度）

電気
951億円（1.0%）

工業用水道
1,226億円（1.3%）

宅地造成
2,073億円
（2.2%）

交通
4,705億円
（4.9%）

下水道
1兆5,128億円
（15.7%）

ガス
684億円（0.7%）

その他
2,213億円
（2.2%）

料金収入
9兆6,076億円
（100.0%）

病院
4兆2,999億円
（44.8%）

水道
2兆6,097億円
（27.2%）

（カ）建設投資額の推移

　建設投資額の推移は**第57図**のとおりであり、令和４年度の額は４兆1,304億円で、前年度と比べると2.5%増となっている。

　建設投資額が前年度より増加した主な事業は、水道事業（対前年度比7.7%増）、工業用水道事業（同7.6%増）、電気事業（同20.6%増）となっている。

第57図　建設投資額の推移

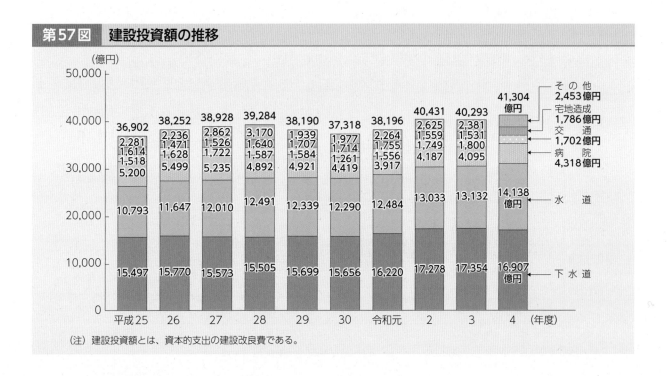

（億円）

| | その他 2,453億円
宅地造成 1,786億円
交通 1,702億円
病院 4,318億円 |

平成25　36,902（2,281／1,614／1,518／5,200／10,793／15,497）
26　38,252（2,236／1,471／1,628／5,499／11,647／15,770）
27　38,928（2,862／1,526／1,722／5,235／12,010／15,573）
28　39,284（3,170／1,640／1,722／4,892／12,491／15,505）
29　38,190（1,939／1,707／1,587／4,921／12,339／15,699）
30　37,318（1,977／1,714／1,584／4,419／12,290／15,656）
令和元　38,196（2,264／1,755／1,261／3,917／12,484／16,220）
２　40,431（2,625／1,559／1,749／4,187／13,033／17,278）
３　40,293（2,381／1,531／1,800／4,095／13,132／17,354）
４　41,304億円　水道 14,138億円／下水道 16,907億円

（注）建設投資額とは、資本的支出の建設改良費である。

（キ）企業債の状況

　資本的支出に充当された企業債の発行額の状況は**第58図**のとおりであり、発行額は２兆3,124億円で、前年度と比べると0.3%の減となっている。

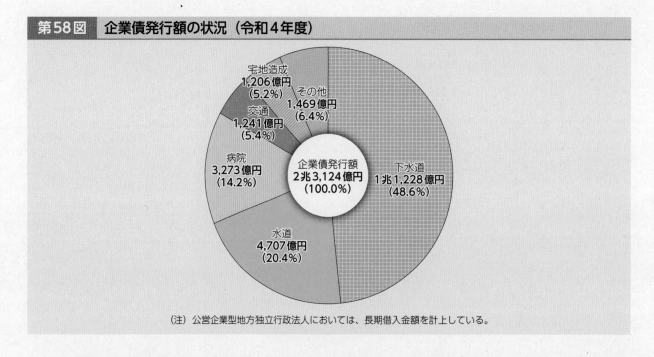

第58図 企業債発行額の状況（令和4年度）

（注）公営企業型地方独立行政法人においては、長期借入金額を計上している。

　企業債借入先別現在高の推移は**第59図**のとおりであり、企業債現在高の令和4年度末の総額は36兆3,841億円で、前年度末と比べると2.9%減となっている。

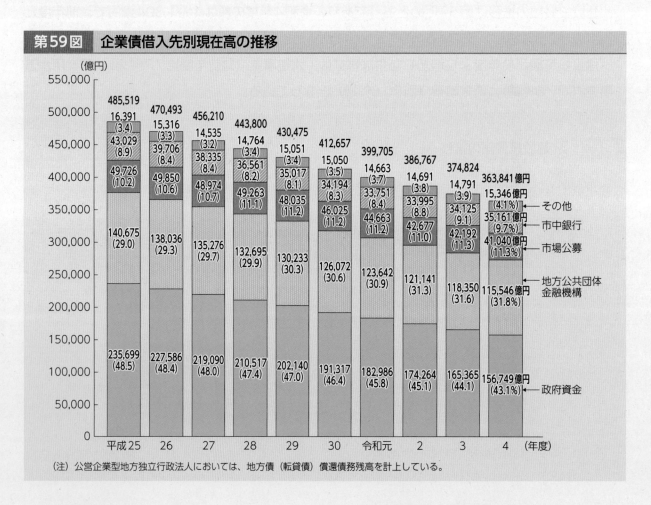

第59図 企業債借入先別現在高の推移

（注）公営企業型地方独立行政法人においては、地方債（転貸債）償還債務残高を計上している。

（ク）他会計繰入金の状況

　他会計からの繰入金は2兆9,258億円で、下水道事業における企業債元利償還金に対する繰入金の増加等により、前年度と比べると3.0%増となっている。

　この内訳をみると、収益的収入（＊）として2兆288億円（収益的収入に対する繰入金の割

合15.2%）、資本的収入（＊）として8,970億円（資本的収入に対する繰入金の割合21.8%）
となっている。

　これを事業別にみると、下水道事業への繰入額が最も大きな割合（繰入額総額の54.9%）を
占め、以下、病院事業（同29.1%）、水道事業（同7.1%）の順となっている。

（ケ）法適用企業の経営状況

a　損益計算書、貸借対照表

　損益計算書の状況は**第60図**のとおりであり、令和4年度は、総収益が総費用を上回り、総
収支は黒字となっている。

　また、物価高騰による営業費用の増加等により総費用が増加するとともに、料金収入の増加
等により総収益も増加している。

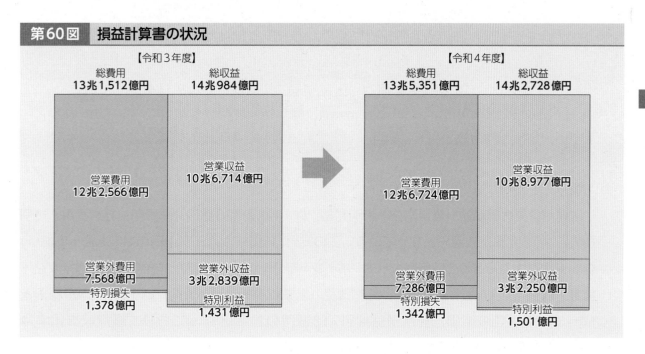

第60図　損益計算書の状況

貸借対照表の状況は**第61図**のとおりであり、料金収入の増加に伴う流動資産（現金・預金）
の増加等により、資産が増加している。

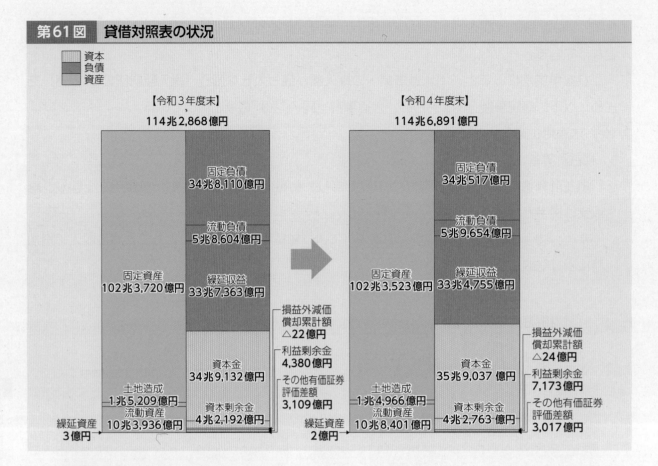

第61図　貸借対照表の状況

凡例：
資本
負債
資産

【令和3年度末】
114兆2,868億円

固定資産
102兆3,720億円

固定負債
34兆8,110億円

流動負債
5兆8,604億円

繰延収益
33兆7,363億円

損益外減価
償却累計額
△22億円

利益剰余金
4,380億円

その他有価証券
評価差額
3,109億円

資本金
34兆9,132億円

土地造成
1兆5,209億円
流動資産
10兆3,936億円

繰延資産
3億円

資本剰余金
4兆2,192億円

【令和4年度末】
114兆6,891億円

固定資産
102兆3,523億円

固定負債
34兆517億円

流動負債
5兆9,654億円

繰延収益
33兆4,755億円

損益外減価
償却累計額
△24億円

利益剰余金
7,173億円

その他有価証券
評価差額
3,017億円

資本金
35兆9,037億円

土地造成
1兆4,966億円
流動資産
10兆8,401億円

繰延資産
2億円

資本剰余金
4兆2,763億円

b　損益収支（＊）

　法適用企業の総収益（経常収益＋特別利益）は14兆2,728億円、総費用（経常費用＋特別損失）は13兆5,351億円となっている。この結果、純損益は7,377億円の黒字となっており、総収支比率は105.5％と前年度より1.7ポイント低下している。また、経常収益（営業収益＋営業外収益）は14兆1,228億円、経常費用（営業費用＋営業外費用）は13兆4,009億円となっている。この結果、経常損益は7,218億円の黒字となっており、経常収支比率は105.4％と前年度より1.8ポイント低下している。

　経常収支比率の推移をみると、平成3年度以降100％を下回る状況が続いていたが、平成15年度からは20年連続で100％を上回っている。

　なお、純損益及び経常損益における黒字・赤字事業数及び黒字・赤字額は、**第26表**のとおりである。

第26表　法適用企業の経営状況
(単位　事業・億円)

区　分	純　損　益		経　常　損　益	
	令和4年度	令和3年度	4年度	3年度
黒字事業数	3,799	3,805	3,768	3,765
黒　字　額	8,679	10,760	8,345	10,558
赤字事業数	951	872	982	912
赤　字　額	1,302	1,288	1,127	1,139
総事業数	4,750	4,677	4,750	4,677
収　　支	7,377	9,471	7,218	9,418

c　資本収支（＊）

　建設投資や企業債の償還金等の支出である資本的支出は7兆1,762億円で、前年度と比べると0.2％増となっている。これに対する財源は、企業債等の外部資金が3兆7,736億円、損益勘定留保資金等の内部資金が3兆2,995億円で、資本的収入額が資本的支出額に不足する額である財源不足額は1,031億円となっている。

　資本的支出のうち建設改良費は3兆8,410億円で、前年度と比べると2.7％増となっている。建設改良費が大きい事業は、下水道事業（建設改良費総額の42.4％）、水道事業（同36.2％）、病院事業（同11.2％）である。

d　累積欠損金

　過去の年度から通算した純損益における損失の累積額である累積欠損金は3兆6,929億円で、前年度と比べると3.6％減となっている。また、累積欠損金合計額に占める割合が大きい事業は、病院事業（累積欠損金合計額の41.6％）、交通事業（同40.1％）である。

e　不良債務

　令和4年度末現在において、流動負債の額（建設改良費等の財源に充てるための企業債等を除く。）が流動資産の額（翌年度へ繰り越される支出の財源充当額を除く。）を上回る場合の当該超過額である不良債務は1,140億円で、前年度と比べると2.4％増となっている。不良債務の大きい事業は、交通事業（不良債務額総額の60.5％）、下水道事業（同28.0％）、病院事業（同6.4％）である。

（コ）法非適用企業の経営状況

　法非適用企業の実質収支をみると、黒字事業数は法非適用企業全体の97.9％、赤字事業数は2.1％を占めており、全体では749億円の黒字（前年度721億円の黒字）となっている。

（サ）資金不足額の状況

　資金不足額（＊）の状況を事業別にみると、**第27表**のとおりである。

　資金不足額がある公営企業会計数は29会計であり、前年度より15会計減少しており、資金不足額は78億円となっている。

第27表　資金不足額の状況　　　　　　　　　　　　（単位　会計・億円）

事　　　　　業	資金不足額がある公営企業会計数		資金不足額	
	令和4年度	令和3年度	4年度	3年度
上 水 道 事 業	－	－	－	－
簡 易 水 道 事 業	1	3	0	0
工 業 用 水 道 事 業	－	－	－	－
交 通 事 業	4	7	21	73
電 気 事 業	－	1	－	0
ガ ス 事 業	－	－	－	－
港 湾 整 備 事 業	－	－	－	－
病 院 事 業	14	20	48	69
市 場 事 業	1	－	0	－
と 畜 場 事 業	－	－	－	－
宅 地 造 成 事 業	2	3	8	7
下 水 道 事 業	6	7	0	0
観 光 施 設 事 業	－	2	－	0
そ の 他 事 業	1	1	0	0
合　　　　　計	29	44	78	150

イ　事業別状況

（ア）水道事業

a　事業数

（a）上水道事業

　　　地方公共団体が経営する上水道事業で、令和4年度決算対象となるものは、1,313事業であり、このうち、末端給水事業は1,243事業、用水供給事業は70事業（うち建設中3事業）である。

（b）簡易水道事業

　　　地方公共団体が経営する簡易水道事業で、令和4年度決算対象となるものは、468事業（うち法適用117事業）である。

b　経営状況

（a）法適用企業

①　損益収支

　　　水道事業の総収益は3兆2,008億円、総費用は2兆9,423億円となっており、この結果、純損益は2,585億円の黒字、総収支比率は108.8%となっている。また、経常収益は3兆1,776億円、経常費用は2兆9,291億円となっており、この結果、経常損益は2,484億円の黒字、経常収支比率は108.5%となっている。純損益及び経常損益における黒字・赤字事業数及び黒字・赤字額は、**第28表**のとおりである。

　　　累積欠損金は668億円で、前年度と比べると1.2%増となっている。また、不良債務は2億円で、前年度と比べると10.3%増となっている。

第28表　水道事業（法適用企業）の経営状況　　　　　　　　　　　　　　（単位　事業・億円）

区　分	純　損　益		経　常　損　益	
	令和4年度	令和3年度	4年度	3年度
黒字事業数	1,211	1,241	1,216	1,246
黒　字　額	2,717	3,414	2,620	3,354
赤字事業数	216	176	211	171
赤　字　額	132	116	135	77
総事業数	1,427	1,417	1,427	1,417
収　支	2,585	3,298	2,484	3,277

②　資本収支

　　　資本的支出は2兆359億円で、前年度と比べると5.7%増となっている。これに対する財源は、外部資金が7,291億円、内部資金が1兆3,006億円で、財源不足額は63億円となっている。資本的支出の内訳をみると、建設改良費は1兆3,921億円で、前年度と比べると8.0%増、企業債償還金は5,743億円で、前年度と比べると1.9%減となっている。

③　給水原価と供給単価

　　　有収水量1m^{3}当たりの給水原価（用水供給事業を除く。）は175.15円（資本費58.86円、職員給与費20.39円、受水費28.46円、その他の経費67.44円）、1m^{3}当たりの供給単価（用水供給事業を除く。）は170.29円となっており、供給単価が給水原価を4.86円下回っている。

　また、令和４年度中に料金改定を実施した水道事業（用水供給事業を含む。）は90事業（前年度57事業）で、営業中の事業の6.3％となっている。

（b）法非適用企業

　簡易水道事業における法非適用企業は351事業（うち建設中１事業）で、実質収支をみると、黒字事業が348事業で33億円の黒字となっており、赤字事業が２事業で４百万円の赤字となっている。

（イ）工業用水道事業

a　事業数

　地方公共団体が経営する工業用水道事業で、令和４年度決算対象となるものは、151事業（うち建設中２事業）である。

b　経営状況

（a）損益収支

　工業用水道事業の総収益は1,654億円、総費用は1,598億円となっており、この結果、純損益は56億円の黒字、総収支比率は103.5％となっている。また、経常収益は1,446億円、経常費用は1,286億円となっており、この結果、経常損益は160億円の黒字、経常収支比率は112.5％となっている。純損益及び経常損益における黒字・赤字事業数及び黒字・赤字額は、**第29表**のとおりである。

　累積欠損金は379億円で、前年度と比べると25.3％増となっている。また、不良債務は２百万円で、前年度と比べると125.7％増となっている。

第29表　工業用水道事業の経営状況			（単位　事業・億円）	
区　分	純　損　益		経　常　損　益	
	令和４年度	令和３年度	４年度	３年度
黒 字 事 業 数	124	132	127	133
黒　　字　　額	183	246	173	223
赤 字 事 業 数	25	19	22	18
赤　　字　　額	127	67	12	6
総 事 業 数	149	151	149	151
収　　　　支	56	179	160	217

（b）資本収支

　資本的支出は1,029億円で、前年度と比べると2.8％増となっている。これに対する財源は、外部資金が427億円、内部資金が594億円で、財源不足額は８億円となっている。資本的支出の内訳をみると、建設改良費は665億円で、前年度と比べると7.6％増、企業債償還金は250億円で、前年度と比べると8.6％減となっている。

（c）給水原価と供給単価

　有収水量1m³当たりの給水原価は28.67円（資本費11.69円、職員給与費3.16円、その他の経費13.82円）、1m³当たりの供給単価は30.58円となっており、これを補助事業と単独事業に分けてみると、単独事業では供給単価（16.64円）が給水原価（14.19円）を2.45円上回っており、補助事業では供給単価（34.04円）が給水原価（32.26円）を1.78円上

回っている。

（ウ）交通事業

a　事業数

　　地方公共団体が経営する交通事業で、令和4年度決算対象となるものは、86事業である。これを事業別にみると、バスが24事業、都市高速鉄道が9事業、路面電車が5事業、モノレール等が2事業、船舶が46事業となっている。

b　経営状況

（a）法適用企業

①　損益収支

　　法適用の交通事業の総収益は5,923億円、総費用は5,857億円となっており、この結果、純損益は66億円の黒字、総収支比率は101.1％となっている。また、経常収益は5,895億円、経常費用は5,852億円となっており、この結果、経常損益は43億円の黒字、経常収支比率は100.7％となっている。純損益及び経常損益における黒字・赤字事業数及び黒字・赤字額は、第30表のとおりである。

　　累積欠損金は1兆4,822億円で、前年度と比べると0.4％減となっている。また、不良債務は690億円で、前年度と比べると0.9％増となっている。

第30表　交通事業（法適用企業）の経営状況　（単位　事業・億円）

区　分	純　損　益		経　常　損　益	
	令和4年度	令和3年度	4年度	3年度
黒 字 事 業 数	23	13	22	11
黒　字　額	176	33	168	30
赤 字 事 業 数	24	34	25	36
赤　字　額	110	410	125	405
総 事 業 数	47	47	47	47
収　支	66	△377	43	△375

　　これを事業別にみると、バス事業においては、第31表のとおりである。

　　累積欠損金は849億円で、前年度と比べると4.9％増となっている。また、不良債務は82億円で、前年度と比べると2.4％増となっている。

第31表　交通事業のうちバス事業の経営状況　（単位　事業・億円）

区　分	純　損　益		経　常　損　益	
	令和4年度	令和3年度	4年度	3年度
黒 字 事 業 数	12	6	11	6
黒　字　額	15	1	6	1
赤 字 事 業 数	12	18	13	18
赤　字　額	52	171	58	166
総 事 業 数	24	24	24	24
収　支	△37	△170	△52	△165

都市高速鉄道事業においては、**第32表**のとおりである。

累積欠損金は1兆3,727億円で、前年度と比べると0.8％減となっている。また、不良債務は608億円で、前年度と比べると0.8％増となっている。

第32表　交通事業のうち都市高速鉄道事業の経営状況				(単位　事業・億円)

区　分	純　損　益		経　常　損　益	
	令和4年度	令和3年度	4年度	3年度
黒字事業数	4	3	4	3
黒　字　額	155	29	156	28
赤字事業数	5	6	5	6
赤　字　額	50	213	59	211
総事業数	9	9	9	9
収　支	104	△184	97	△183

②　資本収支

資本的支出は3,598億円（うちバス事業213億円、都市高速鉄道事業3,245億円）で、前年度と比べると12.0％減となっている。これに対する財源は、外部資金が2,013億円、内部資金が1,113億円で、財源不足額は472億円となっている。資本的支出の内訳をみると、建設改良費は1,684億円（うちバス事業119億円、都市高速鉄道事業1,492億円）で、前年度と比べると6.3％減、企業債償還金は1,860億円（うちバス事業82億円、都市高速鉄道事業1,713億円）で、前年度と比べると16.1％減となっている。

(b) 法非適用企業

交通事業における法非適用企業は船舶運航事業の39事業で、実質収支をみると、黒字事業が39事業で5億円の黒字となっており、赤字事業はない。

（エ）電気事業

a　事業数

地方公共団体が経営する電気事業で、令和4年度決算対象となるものは、99事業（うち建設中1事業）であり、法適用企業が31事業、法非適用企業が68事業である。

b　経営状況

(a) 法適用企業

①　損益収支

法適用の電気事業の総収益は1,094億円、総費用は886億円となっており、この結果、純損益は208億円の黒字、総収支比率は123.5％となっている。また、経常収益は951億円、経常費用は744億円となっており、この結果、経常損益は207億円の黒字、経常収支比率は127.8％となっている。純損益及び経常損益における黒字・赤字事業数及び黒字・赤字額は、**第33表**のとおりである。

累積欠損金は43億円で、前年度と比べると83.2％増となっている。なお、不良債務を有する事業はない。

| 第33表 | 電気事業（法適用企業）の経営状況 | | | | （単位　事業・億円） |

区　分	純　損　益		経　常　損　益	
	令和4年度	令和3年度	4年度	3年度
黒 字 事 業 数	26	28	25	28
黒　字　額	235	222	235	230
赤 字 事 業 数	5	3	6	3
赤　字　額	27	20	28	17
総 事 業 数	31	31	31	31
収　支	208	202	207	213

② 資本収支

　資本的支出は575億円で、前年度と比べると7.2％増となっている。これに対する財源は、外部資金が181億円、内部資金が394億円で、財源不足額を有する事業はない。資本的支出の内訳をみると、建設改良費は395億円で、前年度と比べると20.8％増、企業債償還金は88億円で、前年度と比べると4.8％増となっている。

(b) 法非適用企業

　電気事業における法非適用企業は68事業（うち建設中1事業）で、実質収支をみると、黒字事業が66事業で9億円の黒字となっており、赤字事業が1事業で0.3億円の赤字となっている。

（オ）ガス事業

a　事業数

　地方公共団体が経営するガス事業で、令和4年度決算対象となるものは、21事業である。

b　経営状況

(a) 損益収支

　ガス事業の総収益は1,082億円、総費用は936億円となっており、この結果、純損益は146億円の黒字、総収支比率は115.6％となっている。また、経常収益は830億円、経常費用は758億円となっており、この結果、経常損益は72億円の黒字、経常収支比率は109.4％となっている。純損益及び経常損益における黒字・赤字事業数及び黒字・赤字額は、第34表のとおりである。

　累積欠損金は19億円で、前年度と比べると61.3％減となっている。なお、不良債務を有する事業はない。

| 第34表 | ガス事業の経営状況 | | | | （単位　事業・億円） |

区　分	純　損　益		経　常　損　益	
	令和4年度	令和3年度	4年度	3年度
黒 字 事 業 数	15	17	14	16
黒　字　額	148	73	78	73
赤 字 事 業 数	6	4	7	5
赤　字　額	2	1	7	1
総 事 業 数	21	21	21	21
収　支	146	72	72	72

（b）資本収支

資本的支出は201億円で、前年度と比べると23.4%増となっている。これに対する財源は、外部資金が29億円、内部資金が173億円で、財源不足額を有する事業はない。資本的支出の内訳をみると、建設改良費は70億円で、前年度と比べると21.9%減、企業債償還金は117億円で、前年度と比べると76.0%増となっている。

（カ）病院事業

a　事業数

地方公共団体が経営する地方公営企業法を適用する病院事業及び公営企業型地方独立行政法人が経営する病院事業で、令和4年度決算対象となるものは、680事業であり、これらの事業が有する病院（以下「公立病院」という。）数は857病院である。このうち、地方公共団体が経営する地方公営企業法を適用する病院は741病院であり、公営企業型地方独立行政法人が経営する病院は116病院となっている。

一般病院[*13]817病院のうち病床数300床以上の病院は、33.9%に当たる277病院となっており、地域における中核的な役割を担う病院として地域医療を支えている。

一方、病床数が150床未満であり、直近の一般病院までの移動距離が15km以上となる位置に所在している等の条件下にある「不採算地区病院」は、一般病院の38.2%に当たる312病院となっており、民間医療機関による診療が期待できない離島、山間地等のへき地における医療の確保のため、重要な役割を果たしている。

さらに、公立病院全体の85.2%に当たる730病院が救急病院として告示を受けており、地域の救急医療を担っている。

b　経営状況

（a）損益収支

病院事業の総収益は5兆8,851億円、総費用は5兆6,854億円となっており、この結果、純損益は1,996億円の黒字、総収支比率は103.5%となっている。また、経常収益は5兆8,440億円、経常費用は5兆6,508億円となっており、この結果、経常損益は1,931億円の黒字、経常収支比率は103.4%となっている。純損益及び経常損益における黒字・赤字事業数及び黒字・赤字額は、**第35表**のとおりである。

累積欠損金は1兆5,363億円で、前年度と比べると7.9%減となっている。また、不良債務は73億円で、前年度と比べると27.3%減となっている。

また、医業費用に対する医業収益の割合である医業収支比率は90.9%（前年度90.7%）となっており、これを病院の種別にみると、一般病院が91.2%（同91.1%）、精神科病院が78.4%（同73.2%）となっている。

[*13]　精神科病院以外の病院をいう。

第35表　**病院事業の経営状況**　(単位　事業・億円)

区　分	純　損　益		経　常　損　益	
	令和4年度	令和3年度	4年度	3年度
黒字事業数	501	532	500	527
黒　字　額	2,420	3,613	2,338	3,483
赤字事業数	179	149	180	154
赤　字　額	424	317	406	227
総事業数	680	681	680	681
収　支	1,996	3,296	1,931	3,256

（b）資本収支

　　資本的支出は9,016億円で、前年度と比べると5.5％増となっている。これに対する財源は、外部資金が5,900億円、内部資金が2,835億円で、財源不足額は281億円となっている。資本的支出の内訳をみると、建設改良費は4,318億円で、前年度と比べると5.4％増、企業債償還金は3,887億円で、前年度と比べると1.7％増となっている。

（キ）下水道事業

a　事業数

　　地方公共団体が経営する下水道事業で、令和4年度決算対象となるものは、3,600事業（うち建設中10事業）であり、法適用企業が2,186事業、法非適用企業が1,414事業である。

b　経営状況

（a）法適用企業

①　損益収支

　　法適用の下水道事業の総収益は3兆9,520億円、総費用は3兆7,587億円となっており、この結果、純損益は1,934億円の黒字、総収支比率は105.1％となっている。また、経常収益は3兆9,322億円、経常費用は3兆7,459億円となっており、この結果、経常損益は1,863億円の黒字、経常収支比率は105.0％となっている。純損益における黒字・赤字事業数及び黒字・赤字額は、**第36表**のとおりである。

　　累積欠損金は1,709億円で、前年度と比べると4.7％増となっている。また、不良債務は319億円で、前年度と比べると20.1％増となっている。

第36表　**下水道事業の経営状況**　(単位　事業・億円)

区　分	令和4年度（A）			令和3年度（B）			差引（A）−（B）		
	法適用企業	法非適用企業	合　計	法適用企業	法非適用企業	合　計	法適用企業	法非適用企業	合　計
黒字事業数	1,775	1,394	3,169	1,721	1,463	3,184	54	△69	△15
黒　字　額	2,179	110	2,289	2,442	71	2,514	△263	39	△225
赤字事業数	406	15	421	394	17	411	12	△2	10
赤　字　額	245	2	247	182	4	186	63	△2	61
総事業数	2,181	1,409	3,590	2,115	1,480	3,595	66	△71	△5
収　支	1,934	108	2,042	2,260	67	2,327	△327	41	△286

②　資本収支

資本的支出は3兆4,247億円で、前年度と比べると2.2％減となっている。これに対する財源は、外部資金が2兆682億円、内部資金が1兆3,373億円で、財源不足額は192億円となっている。資本的支出の内訳をみると、建設改良費は1兆6,285億円で、前年度と比べると2.2％減、企業債償還金は1兆7,761億円で、前年度と比べると2.2％減となっている。

(b)　法非適用企業

下水道事業における法非適用企業は1,414事業（うち建設中5事業）で、実質収支をみると、黒字事業が1,394事業で110億円の黒字、赤字事業が15事業で2億円の赤字となっており、差引108億円の黒字となっている（**第36表**）。

(c)　全体の経営状況

法適用企業と法非適用企業を合計した下水道事業の黒字額は2,289億円、赤字額は247億円となっており、この結果、全体の収支（法適用企業の純損益と法非適用企業の実質収支の合計。以下同じ。）は2,042億円の黒字となっている。

汚水処理原価（汚水処理費を年間有収水量で除したもの）は144.93円/m^3（維持管理費84.59円/m^3、資本費60.34円/m^3）で、前年度と比べると2.6％増となっており、使用料単価（使用料収入を年間有収水量で除したもの）は136.37円/m^{3}で、前年度と比べると0.3％増となっている。

その結果、経費回収率（使用料単価を汚水処理原価で除したもの）は94.1％となっており、前年度と比べると2.2ポイント低下している。

法適用企業と法非適用企業を合計した下水道事業の建設改良費は1兆6,907億円で、前年度と比べると2.6％減となっている。

(ウ)　その他の公営企業

a　事業数

地方公共団体は、前述した事業のほかにも各種の事業を経営している。これを事業別にみると、令和4年度決算対象となるものは、港湾整備事業が93事業、市場事業が147事業、と畜場事業が43事業、観光施設事業が223事業（うち建設中1事業）、宅地造成事業が411事業（うち建設中49事業、年度途中廃止1事業）、有料道路事業が1事業、駐車場整備事業が178事業、介護サービス事業が476事業（うち年度途中廃止3事業）、その他事業（廃棄物等処理施設、診療所等）が69事業となっている。

b　経営状況

その他の公営企業の純損益、経常損益及び実質収支における黒字・赤字事業数及び黒字・赤字額は、**第37表**のとおりである。このうち、社会経済情勢の変化等による事業リスクが相対的に高い観光施設事業については、全体の収支が34億円の黒字であり、法適用企業の累積欠損金は前年度と比べると1.4％減の185億円となっている。また、同様に事業リスクが相対的に高い宅地造成事業については、全体の収支は854億円の黒字であり、法適用企業の累積欠損金は前年度と比べると3.6％減の2,999億円となっている。

　その他の公営企業の経営状況（令和4年度）　　　　　　（単位　事業・億円）

区　　分		港湾整備	市　場	と畜場	観光施設	宅地造成	有料道路	駐車場整備	介護サービス	その他
法適用企業	純損益 黒字事業数	7	11	−	19	32	−	4	15	36
	黒字額	54	5	−	8	531	−	2	2	21
	赤字事業数	−	3	−	14	11	−	2	27	33
	赤字額	−	196	−	5	20	−	0	9	5
	総事業数	7	14	−	33	43	−	6	42	69
	収　支	54	△192	−	2	511	−	2	△7	16
	経常損益 黒字事業数	7	10	−	19	31	−	4	14	36
	黒字額	64	4	−	8	527	−	2	2	19
	赤字事業数	−	4	−	14	12	−	2	28	33
	赤字額	−	128	−	5	20	−	0	9	5
	総事業数	7	14	−	33	43	−	6	42	69
	収　支	64	△124	−	2	507	−	2	△7	14
法非適用企業	実質収支 黒字事業数	79	130	43	183	307	1	163	421	−
	黒字額	138	42	3	36	398	−	40	40	−
	赤字事業数	7	3	−	6	12	−	9	13	−
	赤字額	12	1	−	4	55	−	30	1	−
	総事業数	86	133	43	189	319	1	172	434	−
	収　支	126	41	3	32	343	−	10	39	−

(2)　国民健康保険事業

　国民健康保険制度については、「持続可能な医療保険制度を構築するための国民健康保険法等の一部を改正する法律」（平成27年法律第31号）の施行により、平成30年度から都道府県が国民健康保険の財政運営の責任主体とされ、市町村とともに都道府県も国民健康保険の保険者となっている。

　また、市町村は、国民健康保険の保険者として、引き続き、資格管理、保険給付、保険料の賦課・徴収等の被保険者に身近な保険者業務を担うこととされているが、医療給付等に必要な資金は都道府県から保険給付費等交付金の交付を受ける一方で、徴収した国民健康保険料（税）は基本的に都道府県に国民健康保険事業費納付金として納付することとされている。

㋐　都道府県

（ア）歳入

　都道府県の歳入決算額は11兆4,641億円で、前年度と比べると3.4％減となっている。

　歳入の内訳は、第62図のとおりである。また、前年度と比べると、前期高齢者交付金が6.6％減、国民健康保険事業費納付金が0.4％増、国庫支出金が2.1％減となっている。

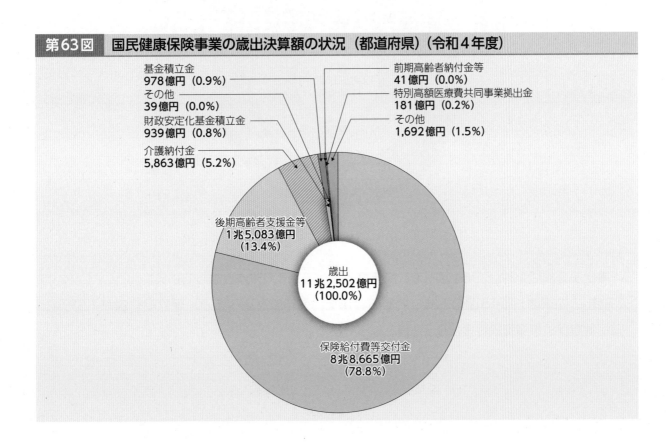

第62図　国民健康保険事業の歳入決算額の状況（都道府県）（令和4年度）

都道府県繰入金分
6,038億円（5.3%）

高額医療費負担金分
979億円（0.9%）

他会計繰入金
7,238億円（6.3%）

その他
221億円（0.1%）

療養給付費等交付金
1億円（0.0%）

その他
4,849億円
（4.2%）

国民健康保険事業費納付金
3兆4,750億円
（30.3%）

前期高齢者交付金
3兆5,397億円
（30.9%）

歳入
11兆4,641億円
（100.0%）

その他
1兆434億円（9.1%）

国庫支出金
3兆2,407億円
（28.3%）

療養給付費等負担金
2兆1,973億円（19.2%）

（イ）歳出

　歳出決算額は11兆2,502億円で、前年度と比べると2.3%減となっている。

　歳出の内訳は、**第63図**のとおりである。また、前年度と比べると、保険給付費等交付金が1.6%減、後期高齢者支援金等が2.9%減となっている。

第63図　国民健康保険事業の歳出決算額の状況（都道府県）（令和4年度）

基金積立金
978億円（0.9%）

前期高齢者納付金等
41億円（0.0%）

その他
39億円（0.0%）

特別高額医療費共同事業拠出金
181億円（0.2%）

財政安定化基金積立金
939億円（0.8%）

その他
1,692億円（1.5%）

介護納付金
5,863億円（5.2%）

後期高齢者支援金等
1兆5,083億円
（13.4%）

歳出
11兆2,502億円
（100.0%）

保険給付費等交付金
8兆8,665億円
（78.8%）

7

公営企業等の状況

（ウ）収支

　実質収支は2,131億円の黒字（前年度3,463億円の黒字）となっており、実質収支から財源補填的な他会計繰入金を控除し、繰出金を加えた再差引収支については、47団体全てにおいて黒字で、黒字額は2,131億円（同3,463億円の黒字）となっている。

イ　市町村（事業勘定）

　令和4年度末において国民健康保険事業会計を有する団体は、1,742団体（前年度同数）となっている。

（ア）歳入

　事業勘定の歳入決算額は12兆8,374億円で、前年度と比べると1.3％減となっている。

　歳入の内訳は、**第64図**のとおりである。また、前年度と比べると、都道府県支出金が1.6％減、国民健康保険税（料）が2.0％減となっている。

第64図　国民健康保険事業の歳入決算額の状況（市町村（事業勘定））（令和4年度）

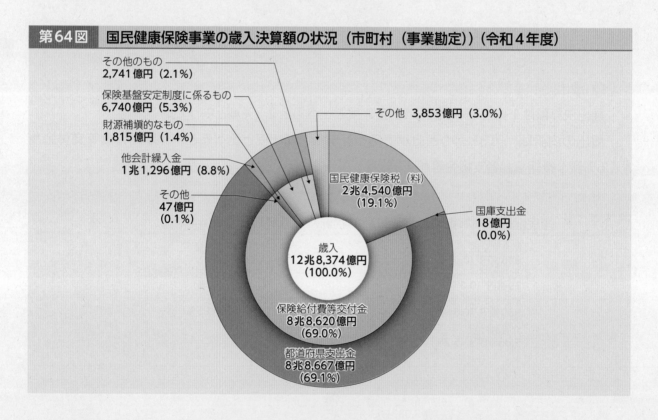

（イ）歳出

　歳出決算額は12兆5,964億円で、前年度と比べると1.0％減となっている。

　歳出の内訳は、**第65図**のとおりである。また、前年度と比べると、保険給付費が1.5％減、国民健康保険事業費納付金が0.3％増となっている。

第65図　国民健康保険事業の歳出決算額の状況（市町村（事業勘定））（令和4年度）

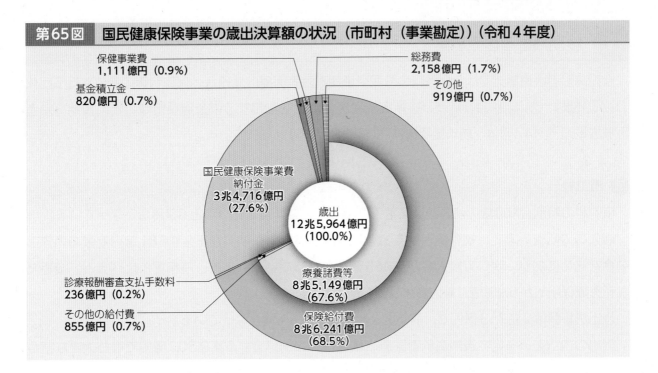

保健事業費
1,111億円（0.9%）

基金積立金
820億円（0.7%）

総務費
2,158億円（1.7%）

その他
919億円（0.7%）

国民健康保険事業費
納付金
3兆4,716億円
（27.6%）

歳出
12兆5,964億円
（100.0%）

診療報酬審査支払手数料
236億円（0.2%）

その他の給付費
855億円（0.7%）

療養諸費等
8兆5,149億円
（67.6%）

保険給付費
8兆6,241億円
（68.5%）

（ウ）収支

　実質収支は2,393億円の黒字（前年度2,873億円の黒字）であり、昭和40年度以降黒字傾向が続いている。

　実質収支から財源補填的な他会計繰入金及び都道府県支出金を控除し、繰出金を加えた再差引収支については、616億円の黒字（前年度1,157億円の黒字）となっている。

　再差引収支を黒字・赤字団体別にみると、黒字団体数は1,182団体（前年度1,304団体）で、その黒字額は1,541億円（同1,919億円）となっている。一方、赤字団体数は560団体（前年度438団体）で、その赤字額は925億円（同762億円）となっている。

ウ　市町村（直診勘定）

　令和4年度末において直営診療所を設置している団体は、355団体（前年度359団体）となっている。

　直診勘定の歳入決算額は605億円で、前年度と比べると0.9%減となっている。

　直診勘定の歳出決算額は569億円で、前年度と比べると1.3%減となっている。

　実質収支は34億円の黒字（前年度31億円の黒字）となっているが、この実質収支から他会計繰入金を控除し、繰出金を加えた再差引収支は、139億円の赤字（同129億円の赤字）となっている。

(3)　後期高齢者医療事業

　後期高齢者医療事業では、保険料の徴収や後期高齢者医療広域連合へ保険料等の納付を行う団体（1,739団体（前年度同数））及び後期高齢者医療事業を実施する都道府県区域ごとの後期高齢者医療広域連合（47団体（前年度同数））に特別会計が設けられている。

ア　市町村

　市町村の特別会計の歳入決算額は2兆711億円で、前年度と比べると6.7％増となっている。

　歳入の内訳をみると、被保険者が支払う後期高齢者医療保険料が1兆4,881億円で最も大きな割合を占めており、次いで繰入金が5,065億円となっている。また、前年度と比べると、後期高齢者医療保険料が6.9％増、繰入金が5.3％増となっている。

　歳出決算額は2兆353億円で、前年度と比べると6.5％増となっている。

　歳出の内訳をみると、後期高齢者医療広域連合への納付金が1兆9,302億円で最も大きな割合を占めており、前年度と比べると6.5％増となっている。

イ　後期高齢者医療広域連合

（ア）歳入

　後期高齢者医療広域連合の歳入決算額は17兆4,510億円で、前年度と比べると1.6％増となっている。

　歳入の内訳は、**第66図**のとおりである。また、前年度と比べると、支払基金交付金が2.6％増、国庫支出金が2.5％増、市町村支出金が5.1％増となっている。

第66図　**後期高齢者医療事業の歳入決算額の状況（令和4年度）**

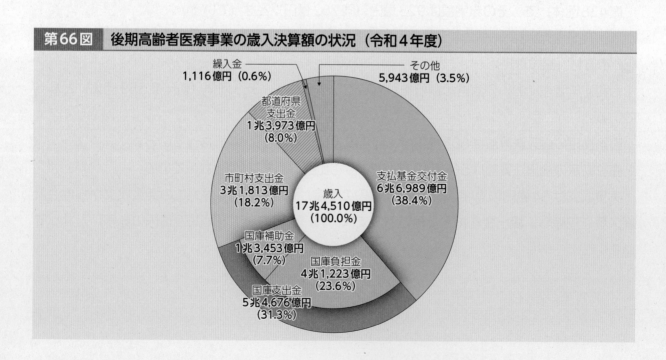

（イ）歳出

　歳出決算額は17兆616億円で、前年度と比べると2.8％増となっている。

　歳出の内訳は、**第67図**のとおりである。また、前年度と比べると、保険給付費は4.2％増となっている。

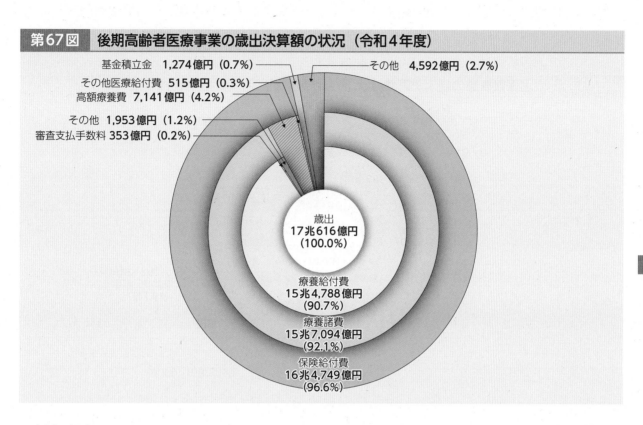

第67図　後期高齢者医療事業の歳出決算額の状況（令和4年度）

基金積立金　1,274億円（0.7％）
その他　4,592億円（2.7％）
その他医療給付費　515億円（0.3％）
高額療養費　7,141億円（4.2％）
その他　1,953億円（1.2％）
審査支払手数料　353億円（0.2％）

歳出
17兆616億円
（100.0％）

療養給付費
15兆4,788億円
（90.7％）

療養諸費
15兆7,094億円
（92.1％）

保険給付費
16兆4,749億円
（96.6％）

（ウ）収支

　実質収支は47団体全て黒字となっており、その黒字額は3,894億円（前年度5,794億円）となっている。

(4)　介護保険事業

　介護保険制度を実施する保険者である市町村が設ける介護保険事業会計は、第1号被保険者（65歳以上の者）からの保険料や、支払基金交付金（第2号被保険者（40歳以上65歳未満の医療保険加入者）の介護納付金分に係る社会保険診療報酬支払基金からの交付金）等を財源として保険給付等を行う保険事業勘定と、介護給付の対象となる居宅サービス及び施設サービス等を実施する介護サービス事業勘定とに区分される。

　なお、市町村が実施する指定介護老人福祉施設、介護老人保健施設、老人短期入所施設、老人デイサービスセンター及び指定訪問看護ステーションの5施設により介護サービスを提供する事業は、介護サービス事業として公営企業会計の対象とされている。

　令和4年度末において、介護保険事業の保険者は、1,574団体（前年度1,571団体）となっている。また、介護サービス事業勘定を設置している団体は、606団体（前年度617団体）となっている。

ア 保険事業勘定

（ア）歳入

　　保険事業勘定の歳入決算額は12兆177億円で、前年度と比べると1.2％増となっている。

　　歳入の内訳は、**第68図**のとおりである。また、前年度と比べると、支払基金交付金が0.5％増、国庫支出金が1.7％増、保険料が0.3％増、他会計繰入金が1.0％増、都道府県支出金が1.1％増となっている[14]。

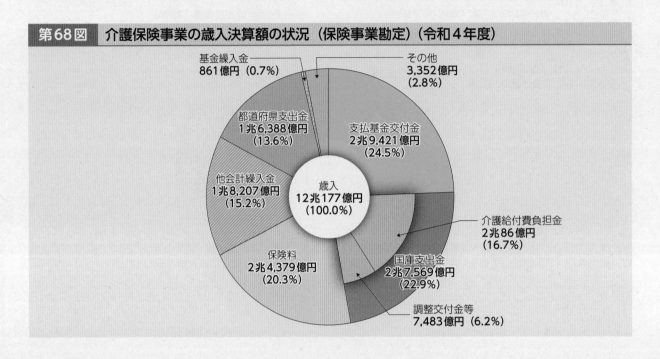

第68図　介護保険事業の歳入決算額の状況（保険事業勘定）（令和4年度）

基金繰入金
861億円（0.7％）

その他
3,352億円
（2.8％）

都道府県支出金
1兆6,388億円
（13.6％）

支払基金交付金
2兆9,421億円
（24.5％）

他会計繰入金
1兆8,207億円
（15.2％）

歳入
12兆177億円
（100.0％）

介護給付費負担金
2兆86億円
（16.7％）

保険料
2兆4,379億円
（20.3％）

国庫支出金
2兆7,569億円
（22.9％）

調整交付金等
7,483億円（6.2％）

（イ）歳出

　　歳出決算額は11兆6,164億円で、前年度と比べると0.7％増となっている。

　　歳出の内訳は、**第69図**のとおりである。また、前年度と比べると、保険給付費が0.8％増となっている。

---

[14]　国庫支出金　　　：・介護給付費負担金（介護給付及び予防給付に要する費用の額（以下「介護・予防給付額」という。）の100分の20（施設等給付費にあっては100分の15）に相当する額）
　　　　　　　　　　　　・調整交付金（介護・予防給付額の100分の5に相当する額）等
　　　都道府県支出金：都道府県の法定負担（※1）を含む
　　　　　　　　　　　※1　介護・予防給付額の100分の12.5（施設等給付費にあっては100分の17.5）に相当する額
　　　他会計繰入金　：市町村の法定負担分（※2）を含む
　　　　　　　　　　　※2　介護・予防給付額の100分の12.5に相当する額

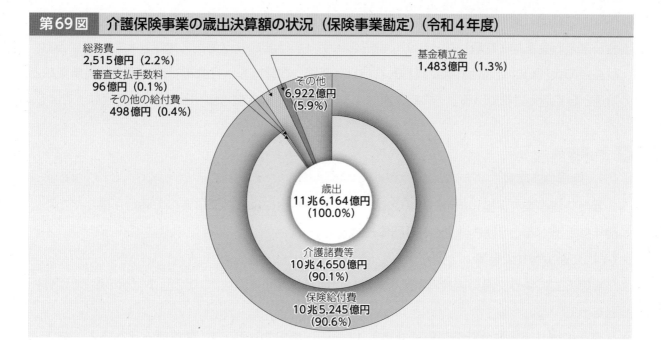

第69図 介護保険事業の歳出決算額の状況（保険事業勘定）（令和4年度）

総務費
2,515億円（2.2%）

審査支払手数料
96億円（0.1%）

その他の給付費
498億円（0.4%）

基金積立金
1,483億円（1.3%）

その他
6,922億円
（5.9%）

歳出
11兆6,164億円
（100.0%）

介護諸費等
10兆4,650億円
（90.1%）

保険給付費
10兆5,245億円
（90.6%）

（ウ）収支

　実質収支は3,897億円の黒字（前年度3,363億円の黒字）となっており、実質収支から財源補填的な他会計繰入金及び都道府県支出金を控除し、繰出金を加えた再差引収支についても、3,884億円の黒字（同3,345億円の黒字）となっている。

　再差引収支を黒字・赤字団体別にみると、黒字団体数は1,567団体（前年度1,565団体）で、その黒字額は3,904億円（同3,366億円）となっている。一方、赤字団体数は7団体（前年度6団体）で、その赤字額は21億円（同21億円）となっている。

イ 介護サービス事業勘定

　介護サービス事業勘定の歳入決算額は173億円で、前年度と比べると0.2%減となっている。

　歳出決算額は164億円で、前年度と比べると0.3%増となっている。

　なお、実質収支は8億円の黒字（前年度9億円の黒字）となっており、実質収支から財源補填的な他会計繰入金及び都道府県支出金を控除し、繰出金を加えた再差引収支は70億円の赤字（同67億円の赤字）となっている。

（5） その他の事業

ア 収益事業

　収益事業を実施した地方公共団体の数は、延べ280団体（前年度278団体）となっている。

　これを事業別にみると、公営競技についてはモーターボート競走事業を施行した団体が103団体と最も多く、以下、自転車競走事業55団体、競馬事業50団体、小型自動車競走事業5団体の順となっている。

　また、宝くじは、47都道府県及び20政令指定都市の67団体で発売されている。

　収益事業の決算額は歳入5兆6,582億円、歳出5兆3,936億円で、前年度と比べると、歳入は4.6%増、歳出は4.6%増となっている。

7

公営企業等の状況

　実質上の収支（歳入歳出差引額から翌年度に繰り越すべき財源、繰入金及び未払金を控除し、繰出金及び未収金を加えた額）は、6,427億円の黒字（前年度6,157億円の黒字）となっている。

　収益金の大部分は普通会計等に繰り入れられ、道路、教育施設、社会福祉施設等の整備事業などの財源として活用されている。その繰入額は4,343億円で、前年度と比べると3.9％増となっている。

イ　共済事業

（ア）農業共済事業

　農業共済事業を実施した市町村の数は、農業共済組合による共済事業への移行が進んだため、前年度と比べると2団体減少し、0団体となった。

（イ）交通災害共済事業

　直営方式により交通災害共済事業を実施した地方公共団体の数は、52団体（前年度56団体）となっている。

　交通災害共済事業会計の決算額は歳入41億円、歳出28億円で、前年度と比べると、歳入は19.5％減、歳出は29.3％減となっている。

　なお、実質上の収支（歳入歳出差引額から未経過共済掛金、繰入金及び未払金を控除し、繰出金及び未収金を加えた額）は、14億円の黒字（前年度13億円の黒字）となっている。

ウ　公立大学附属病院事業

　公立大学附属病院事業を実施した地方公共団体の数は、1団体（前年度同数）である。

　公立大学附属病院事業会計の決算額は、収益的収支では総収益25億円、総費用25億円となり、前年度と比べると、総収益は3.9％増、総費用は0.7％増となっている。

　また、資本的収支では資本的収入6億円、資本的支出6億円で、前年度と比べると、資本的収入は12.6％増、資本的支出は17.8％増となっている。

　実質収支は0.7億円の黒字（前年度0.3億円の黒字）となっている。

(6)　第三セクター等

　第三セクター等は、地域住民の暮らしを支える事業を行う重要な役割を担う一方で、経営が著しく悪化した場合には、地方公共団体の財政に深刻な影響を及ぼすことが懸念される。

　特に地方公共団体に相当程度の財政的なリスクが存在する第三セクター等については、「第三セクター等の経営健全化方針の策定と取組状況の公表について」（令和元年7月23日付け総務省自治財政局公営企業課長通知）により、地方公共団体に対し、経営健全化方針の策定と、それに基づく取組の着実な実施を要請している。

　令和4年度における第三セクター等に係る財政的リスクの状況は、**第38表**のとおりである。

第38表	経営健全化方針の策定要件に該当する第三セクター等の状況（令和4年度）

法人分類	調査対象の第三セクター等の数（※1）	Ⅰ 債務超過法人の数	Ⅱ　実質的に債務超過である法人の数		Ⅲ 当該地方公共団体の標準財政規模に対する損失補償、債務保証及び短期貸付けの合計額の比率が、実質赤字比率（＊）の早期健全化基準（※2）相当以上の法人の数	合計（Ⅰ～Ⅲの重複を除く。）	（参考）前年度調査 合計（Ⅰ～Ⅲの重複を除く。）
			a 事業の内容に応じて時価で評価した場合に債務超過になる法人の数	b 土地開発公社のうち、債務保証等の対象となっている保有期間が5年以上の土地の簿価総額が、当該地方公共団体の標準財政規模の10%以上の公社の数			
第三セクター	638	214	1	0	10	224	224
社団・財団法人	244	17	0	0	9	26	30
会社法人	394	197	1	0	1	198	194
地方三公社	398	30	2	13	28	58	57
地方住宅供給公社	25	5	0	0	0	5	6
地方道路公社	22	1	0	0	3	4	4
土地開発公社	351	24	2	13	25	49	47
合　計	1,036	244	3	13	38	282	281
調査対象に対する割合	100.0%	23.6%	0.3%	1.3%	3.7%	27.2%	26.0%

※1　地方公共団体が一定の関与をしている次の①又は②の第三セクター等をいう。
　　①　地方公共団体が損失補償、債務保証又は貸付け（長期・短期）を行っている法人
　　②　債務超過法人（事業の内容に応じて時価で評価した場合に債務超過になる法人を含む。）であって、当該地方公共団体の出資割合が25%以上の法人
　　（①と②の法人は重複する場合がある。）
※2　令和4年度決算に基づく実質赤字比率の早期健全化基準は、道府県は3.75%、東京都は5.63%、市区町村は11.25%～15%。
（注）1　同じ法人に対して複数の地方公共団体が財政支援や出資を行っている場合、法人1件として計上している。
　　　2　表中Ⅰ～Ⅲは、経営健全化方針の策定要件である。一つの法人がⅠ～Ⅲの複数に該当する場合、Ⅰ～Ⅲそれぞれに1件として計上している。

7 公営企業等の状況

8 東日本大震災の影響

平成23年3月11日に発生した東日本大震災は、死者19,765人、行方不明者2,553人（令和5年3月9日、総務省消防庁発表）、被害総額（推計）約16兆9千億円（平成23年6月24日、内閣府発表）にのぼる被害をもたらすとともに、全国的にも生産、消費、物流等の経済活動に大きな影響を与えた。

政府は、発災直後から、被災者の生活の支援や被災地の復旧・復興対策に当たっており、令和4年度においても、被災地の地方公共団体を中心に復旧・復興事業などの東日本大震災関連経費が支出された。その状況は、以下のとおりである。

(1) 普通会計

ア 東日本大震災分の決算の状況

普通会計における東日本大震災分の歳入歳出純計決算額の状況は、**第39表**のとおりである。

第39表 普通会計における東日本大震災分の歳入歳出純計決算額の状況 （単位 億円・%）

区　分	令和4年度		令和3年度		増減額	増減率
	決算額	構成比	決算額	構成比		
歳入	7,088	100.0	11,480	100.0	△4,392	△38.3
一　般　財　源	1,328	18.7	1,668	14.5	△　340	△20.4
うち震災復興特別交付税	802	11.3	964	8.4	△　162	△16.8
国　庫　支　出　金	2,125	30.0	3,429	29.9	△1,305	△38.0
地　　　方　　　債	303	4.3	284	2.5	19	6.5
そ　　　の　　　他	3,333	47.0	6,098	53.1	△2,766	△45.4
う　ち　繰　越　金	1,210	17.1	3,002	26.1	△1,792	△59.7
歳出（目的別）	6,425	100.0	9,677	100.0	△3,252	△33.6
総　　　務　　　費	951	14.8	1,465	15.1	△　515	△35.1
民　　　生　　　費	219	3.4	403	4.2	△　184	△45.6
商　　　工　　　費	1,141	17.8	1,225	12.7	△　84	△6.8
土　　　木　　　費	1,726	26.9	2,870	29.7	△1,144	△39.9
災　　害　　復　　旧　　費	361	5.6	926	9.6	△　566	△61.1
そ　　　の　　　他	2,028	31.5	2,787	28.7	△　760	△27.3
歳出（性質別）	6,425	100.0	9,677	100.0	△3,252	△33.6
義　　務　　的　　経　　費	656	10.2	914	9.4	△　258	△28.2
う　ち　扶　助　費	30	0.5	28	0.3	2	8.9
投　　資　　的　　経　　費	2,840	44.2	4,834	49.9	△1,993	△41.2
うち普通建設事業費	2,479	38.6	3,907	40.4	△1,428	△36.5
うち災害復旧事業費	361	5.6	926	9.6	△　566	△61.1
そ　の　他　の　経　費	2,929	45.6	3,929	40.6	△1,001	△25.5
うち補助費等	866	13.5	1,115	11.5	△　249	△22.3
う　ち　積　立　金	698	10.9	1,258	13.0	△　560	△44.5

歳入決算額は7,088億円で、復旧・復興事業の進捗に伴う繰越金の減少、災害復旧事業費支出金の減少等による国庫支出金の減少等により、前年度と比べると38.3%減となっている。

歳出決算額は6,425億円で、性質別歳出では、普通建設事業費、災害復旧事業費の減少等により、前年度と比べると33.6%減となっている。

なお、東日本大震災分の決算規模は、平成24年度以降減少傾向にある。

イ　特定被災県及び特定被災市町村等の決算の状況

特定被災県（＊）及び特定被災市町村等（＊）における決算額の状況は**第40表**、地方債現在高等の状況は**第41表**のとおりである。

第40表　特定被災県及び特定被災市町村等における決算額の状況　　（単位　億円・%）

区　分	令和4年度		令和3年度		増減率	
	歳入	歳出	歳入	歳出	歳入	歳出
特定被災県	111,221	108,164	119,616	115,864	△　7.0	△　6.6
うち東日本大震災分	4,240	3,943	6,561	5,772	△35.4	△31.7
特定被災市町村等	79,137	75,557	82,357	78,047	△　3.9	△　3.2
うち東日本大震災分	2,843	2,496	4,974	4,199	△42.8	△40.6

第41表　特定被災県及び特定被災市町村等における地方債現在高等の状況　　（単位　億円・%）

区　分	令和4年度	令和3年度	増減率
特定被災県			
地　方　債　現　在　高	155,522	157,867	△1.5
債　務　負　担　行　為　額	9,370	9,172	2.2
積　立　金　現　在　高	19,314	18,386	5.0
特定被災市町村等			
地　方　債　現　在　高	65,135	66,016	△1.3
債　務　負　担　行　為　額	14,418	13,715	5.1
積　立　金　現　在　高	22,057	21,256	3.8

(2)　公営企業会計等

公営企業等については、特定被災県及び「東日本大震災に対処するための特別の財政援助及び助成に関する法律第二条第二項及び第三項の市町村を定める政令」（平成23年度政令第127号）の別表第1に定める特定被災地方公共団体である178市町村（当該団体が加入する一部事務組合等を含む。以下「特定被災地方団体」という。）を対象として、東日本大震災の災害復旧事業に係る一般会計からの繰出基準の特例等を講じている。

特定被災地方団体における法適用企業と法非適用企業（建設中のものを除く。）を合わせた収支の状況は、黒字事業が778事業（事業数全体の88.3%）で、前年度と比べると2.0%減、黒字額は1,186億円で、前年度と比べると21.1%減となっている。また、赤字事業は103事業（事業数全体の11.7%）で、前年度と比べると17.0%増、赤字額は112億円で、前年度と比べると1.7%減となっている。

この結果、特定被災地方団体における公営企業等の総収支は1,074億円の黒字で、前年度と比べると22.7%減となっている。

9　健全化判断比率等の状況

　「地方公共団体の財政の健全化に関する法律」（平成19年法律第94号）に基づき、健全化判断比率（＊）又は資金不足比率（＊）が、早期健全化基準、財政再生基準又は経営健全化基準以上となった場合には、これらの健全化判断比率等を公表した年度の末日までに、財政健全化計画、財政再生計画又は経営健全化計画を定めなければならないこととされている。

　令和4年度決算に基づく健全化判断比率が早期健全化基準以上である団体数の状況は、**第42表**のとおりである。団体区分別の合計は、前年度と同数の市区1団体で、当該団体は財政再生基準以上となっており、新たに早期健全化基準以上となった団体はない。このため、令和4年度に財政健全化計画等を策定した団体はなく、財政再生計画について実施状況報告を行った団体は、市区1団体である。

第42表　健全化判断比率が早期健全化基準以上である団体数の状況（令和4年度）

区　　分	実質赤字比率	連結実質赤字比率（＊）	実質公債費比率	将来負担比率	合　　計
都道府県 （47団体）	0	0	0	0	0
政令指定都市 （20団体）	0	0	0	0	0
市　　区 （795団体）	0	0	1（1）	0	1（1）
町　　村 （926団体）	0	0	0	0	0
合　　計 （1,788団体）	0	0	1（1）	0	1（1）

（注）1　（　）内の数値は、財政再生基準以上である団体数であり、内数である。
　　　2　将来負担比率には、財政再生基準はない。
　　　3　合計は、同一団体の重複を除いた団体数である。

　また、令和4年度決算に基づく資金不足比率が経営健全化基準以上である会計数は4会計である。

　令和4年度決算に基づく健全化判断比率等のそれぞれの状況は、以下のとおりである。

(1)　実質赤字比率

　実質赤字比率における早期健全化基準については、道府県は3.75％、市町村（一部事務組合等を除く。以下この節において同じ。）は財政規模に応じ11.25％～15％となっている。また、財政再生基準については、道府県は5％、市町村は20％となっている。

　令和4年度決算において、実質赤字額がある（実質赤字比率が0％超である）団体数は市区1団体となっている（前年度はなし）。

(2)　連結実質赤字比率

　連結実質赤字比率における早期健全化基準については、道府県は8.75％、市町村は財政規模に応じ16.25％～20％となっている。また、財政再生基準については、道府県は15％、市町村は30％となっている。

　令和4年度決算において、連結実質赤字額がある（連結実質赤字比率が0％超である）団体はない（前年度もなし）。

(3)　実質公債費比率

　実質公債費比率の段階別分布状況は、**第70図**のとおりである。

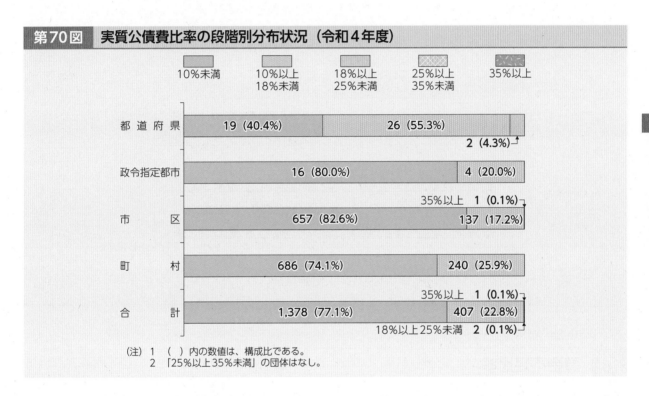

第70図　実質公債費比率の段階別分布状況（令和4年度）

凡例：10％未満／10％以上18％未満／18％以上25％未満／25％以上35％未満／35％以上

	10％未満	10％以上18％未満	35％以上
都道府県	19（40.4％）	26（55.3％）	2（4.3％）
政令指定都市	16（80.0％）	4（20.0％）	
市区	657（82.6％）	137（17.2％）	35％以上 1（0.1％）
町村	686（74.1％）	240（25.9％）	
合計	1,378（77.1％）	407（22.8％）	35％以上 1（0.1％）／18％以上25％未満 2（0.1％）

（注）　1　（　）内の数値は、構成比である。
　　　　2　「25％以上35％未満」の団体はなし。

　実質公債費比率における早期健全化基準については25％、財政再生基準については35％となっている。実質公債費比率が早期健全化基準以上財政再生基準未満である団体はなく、財政再生基準以上である団体数は、市区1団体となっている。

　なお、実質公債費比率が18％以上の場合、地方債の発行に総務大臣等の許可が必要となっており、これらの団体数は、財政再生基準以上である団体を含め、都道府県2団体、市区1団体の合計3団体となっている。

9

健全化判断比率等の状況

(4)　将来負担比率

　将来負担比率の段階別分布状況は、**第71図**のとおりである。

　将来負担比率における早期健全化基準については、都道府県及び政令指定都市は400％、市町村（政令指定都市を除く。）は350％となっており、財政再生基準の設定はない。

　将来負担比率が早期健全化基準以上である団体はなく、都道府県においては100％以上200％未満の区分、政令指定都市、市区及び町村においては100％未満の区分における団体数が最も多くなっている。

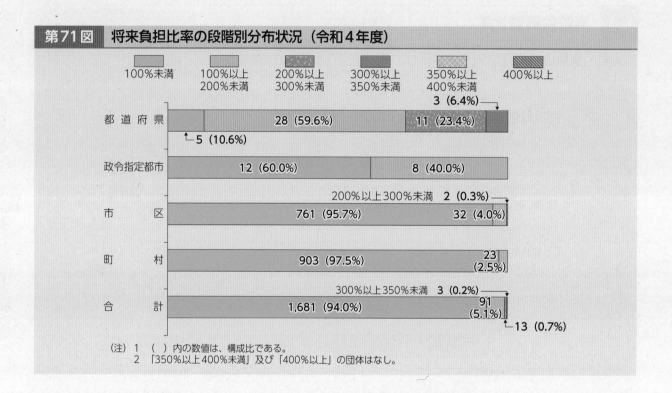

第71図　将来負担比率の段階別分布状況（令和4年度）

（注）　1　（　）内の数値は、構成比である。
　　　　2　「350％以上400％未満」及び「400％以上」の団体はなし。

(5)　資金不足比率

　資金不足比率が経営健全化基準（20％）以上である公営企業会計数の推移は、**第72図**のとおりである。

　令和4年度決算において資金不足比率が経営健全化基準以上である公営企業会計数は4会計である。

　この4会計のうち、既に経営健全化計画を策定済みである2会計を除く2会計（宅地造成事業1会計、下水道事業1会計）については、令和5年度決算に基づく資金不足比率が経営健全化基準以上となる見込みである場合、同年度末までに経営健全化計画を策定することとなる。

　なお、令和3年度時点で経営健全化計画を策定していた4会計のうち1会計（交通事業）は令和4年度決算において経営の健全化が完了したところであり、残りの3会計（交通事業1会計、病院事業2会計）は、引き続き経営の健全化に取り組んでいる。

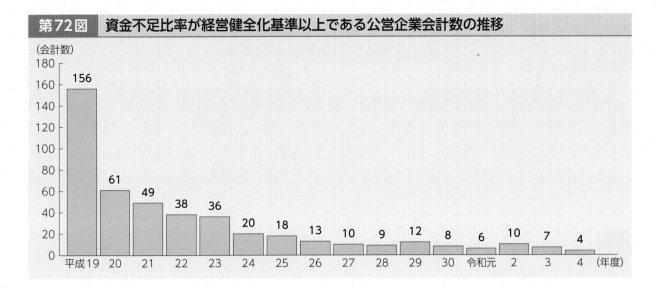

第72図　資金不足比率が経営健全化基準以上である公営企業会計数の推移

（会計数）

年度	会計数
平成19	156
20	61
21	49
22	38
23	36
24	20
25	18
26	13
27	10
28	9
29	12
30	8
令和元	6
2	10
3	7
4	4

(6)　個別団体の財政健全化

　令和4年度決算に基づく健全化判断比率が財政再生基準以上の団体は、北海道夕張市の1団体のみとなっている。夕張市では、令和11年度までの財政再生計画に基づき、市民生活に直結したサービスを維持しながら、早期の財政の再生に向けた最大限の取組を行っており、職員数の削減や職員給与の見直しなど、行政のスリム化等による歳出削減と、固定資産税・軽自動車税の超過課税や各種使用料・手数料の引上げなど、住民負担の増加を伴う取組等による歳入確保により、財政状況の改善を図っている。平成29年3月には、引き続き財政の再生を図りつつ、財政再生計画の終了後も持続的に存立・発展していけるよう、地域再生に資する事業の追加等の内容を盛り込んだ、同計画の大幅見直しを行い、同計画に基づき財政再生と地域再生の両立に向けた取組を行っている。

　その後、平成21年度に322億円発行した再生振替特例債については、令和4年度末の残高が99億円となるなど、財政再生に向けた取組は着実に進んでいる。

　また、地域再生への取組として、令和2年3月に支所、図書館、多目的ホール等の機能を持った拠点複合施設が供用を開始し、令和3年4月に認定こども園が開園したほか、令和5年9月には移転した市立診療所が診療を開始した。

9

健全化判断比率等の状況

10 市町村の団体区分別財政状況

市町村（特別区及び一部事務組合等を除く。以下この節において同じ。）を団体区分別（政令指定都市、中核市、施行時特例市、中都市（＊）、小都市（＊）、人口1万人以上の町村及び人口1万人未満の町村）にグループ化し、人口1人当たりの決算額等を中心に財政状況を分析すると、以下のとおりである。

(1) 人口1人当たりの決算規模等

団体区分別の人口1人当たりの決算額の状況は、**第43表**のとおりである。

これをみると、政令指定都市、中核市及び施行時特例市については、行政権能が異なっており、人口1人当たりの歳出決算額にも差が生じている。その他の市町村については、規模が小さな団体ほど人口1人当たりの歳出決算額が大きくなる傾向がある。

第43表　団体区分別人口1人当たり決算額の状況

(単位　千円)

区　分	令和4年度 人口1人当たり		令和3年度 人口1人当たり		増減 人口1人当たり			
	歳　入	歳　出	歳　入	歳　出	歳　入		歳　出	
市 町 村 合 計	549	530	560	537	△	11	△	7
政 令 指 定 都 市	601	591	617	607	△	16	△	16
中 核 市	471	456	476	459	△	5	△	3
施 行 時 特 例 市	428	409	428	407		―		2
中 都 市	466	447	478	455	△	12	△	8
小 都 市	581	554	590	561	△	9	△	7
町村（人口1万人以上）	596	566	614	581	△	18	△	15
町村（人口1万人未満）	1,256	1,191	1,249	1,182		7		9

(注) 1　各年度1月1日現在の住民基本台帳人口による。
　　 2　市町村合計は、政令指定都市、中核市、施行時特例市、中都市、小都市及び町村の合計である。第73図～第76図において同じ。

(2) 人口1人当たりの歳入

団体区分別の人口1人当たりの歳入決算額の状況は、**第73図**のとおりである。

地方税の構成比の高い順にみると、施行時特例市、政令指定都市、中核市及び中都市の順となっており、団体規模が大きいほど地方税の歳入総額に占める割合が高い傾向となっている。

一方、地方交付税の構成比の高い順にみると、人口1万人未満の町村、人口1万人以上の町村、小都市の順となっており、団体規模が小さいほど地方交付税の歳入総額に占める割合が高い傾向となっている。

また、国庫支出金の構成比の高い順にみると、政令指定都市、中核市、施行時特例市の順となっており、団体規模が大きいほど国庫支出金の歳入総額に占める割合が高い傾向となっている。

第73図　団体区分別歳入決算額の状況（人口１人当たり額及び構成比）（令和４年度）

凡例：地方税／地方交付税／地方特例交付金等／地方譲与税等／国庫支出金／都道府県支出金／地方債／臨時財政対策債／その他

一般財源 ／ その他の財源

区分	一般財源		地方税	地方特例交付金等	地方譲与税等	国庫支出金	都道府県支出金	地方債	臨時財政対策債	その他	その他の財源
市町村合計〔549千円〕	(51.8%)	0.2%	31.0%	14.3%	6.3%	20.4%	6.7%	1.2%	6.4%	14.7%	(48.2%)
政令指定都市〔601千円〕	(48.9)	0.2	36.8	5.4	6.5	23.7	5.4	2.0	7.6	14.4	(51.1)
中核市〔471千円〕	(50.9)	0.2	34.4	9.4	6.9	23.6	7.2	1.5	6.2	12.1	(49.1)
施行時特例市〔428千円〕	(53.3)	0.3	39.2	6.4	7.4	20.9	6.8	1.1	5.9	13.1	(46.7)
中都市〔466千円〕	(52.5)	0.3	34.4	11.0	6.9	20.8	7.6	0.7	4.7	14.4	(47.5)
小都市〔581千円〕	(53.5)	0.2	24.7	22.7	5.9	17.4	7.0	0.8	6.3	15.8	(46.5)
町村（人口１万人以上）〔596千円〕	(54.4)	0.2	23.6	24.8	5.7	15.5	7.0	0.7	5.7	17.4	(45.6)
町村（人口１万人未満）〔1,256千円〕	(54.2)	0.1	12.4	38.2	3.6	11.6	6.9	0.4	8.0	19.3	(45.8)

(注)　1　国庫支出金には、国有提供施設等所在市町村助成交付金を含み、交通安全対策特別交付金を除く。
　　　2　地方譲与税等には、地方消費税交付金等の各種交付金を含む。
　　　3　〔　〕内の数値は、人口１人当たりの歳入決算額である。

10

市町村の団体区分別財政状況

　なお、団体区分別の地方税の歳入総額に占める割合の状況は、**第74図**のとおりであり、団体規模が小さいほど地方税の歳入総額に占める割合が低い団体の構成比が大きくなっている。

第74図　団体区分別地方税の歳入総額に占める割合の状況（令和４年度）

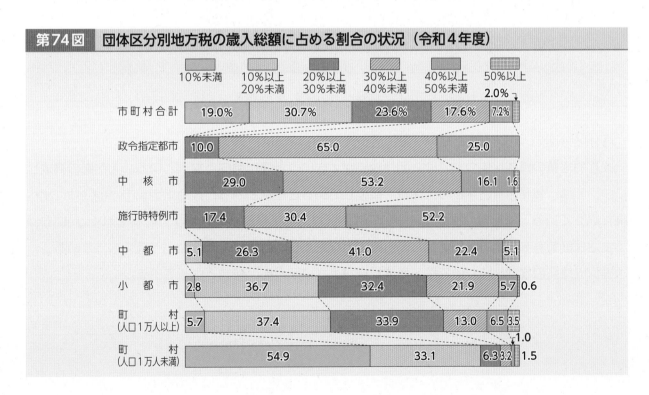

凡例：10%未満／10%以上20%未満／20%以上30%未満／30%以上40%未満／40%以上50%未満／50%以上

区分	10%未満	10%以上20%未満	20%以上30%未満	30%以上40%未満	40%以上50%未満	50%以上
市町村合計	19.0%	30.7%	23.6%	17.6%	7.2%	2.0%
政令指定都市	10.0	65.0	25.0			
中核市	29.0	53.2	16.1	1.6		
施行時特例市	17.4	30.4	52.2			
中都市	5.1	26.3	41.0	22.4	5.1	
小都市	2.8	36.7	32.4	21.9	5.7	0.6
町村（人口１万人以上）	5.7	37.4	33.9	13.0	6.5	3.5
町村（人口１万人未満）		54.9	33.1	6.3	3.2	1.5

（町村（人口１万人未満）の欄外に 1.0）

(3)　人口1人当たりの歳出

　団体区分別の人口1人当たりの目的別歳出決算額の状況は、**第75図**のとおりである。

　民生費の構成比については、町村（福祉事務所を設置する町村を除く。）における生活保護費等を都道府県が負担していることなどから、町村における構成比が他団体に比べ低くなっている。

　教育費の構成比については、義務教育諸学校の人件費を負担していることなどから、政令指定都市における構成比が他団体に比べ高くなっている。

　農林水産業費の構成比については、団体規模が小さいほどその構成比が高い傾向となっている。

第75図	団体区分別の目的別歳出決算額の状況（人口1人当たり額及び構成比）（令和4年度）

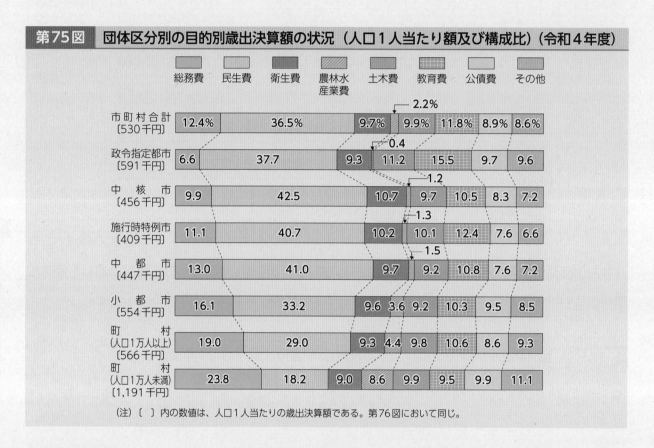

（注）〔　〕内の数値は、人口1人当たりの歳出決算額である。第76図において同じ。

　団体区分別の人口1人当たりの性質別歳出決算額の状況は、**第76図**のとおりである。

　義務的経費の構成比については、団体規模が大きいほど高い傾向となっている。人件費の構成比については、義務教育諸学校の人件費を負担していることなどから、政令指定都市が他団体に比べ高くなっている。扶助費の構成比については、町村（福祉事務所を設置する町村を除く。）における生活保護費等を都道府県が負担していることなどから、町村が他団体に比べ低くなっている。

　投資的経費の構成比については、団体規模が小さいほど高い傾向となっている。

第76図 団体区分別の性質別歳出決算額の状況（人口1人当たり額及び構成比）（令和4年度）

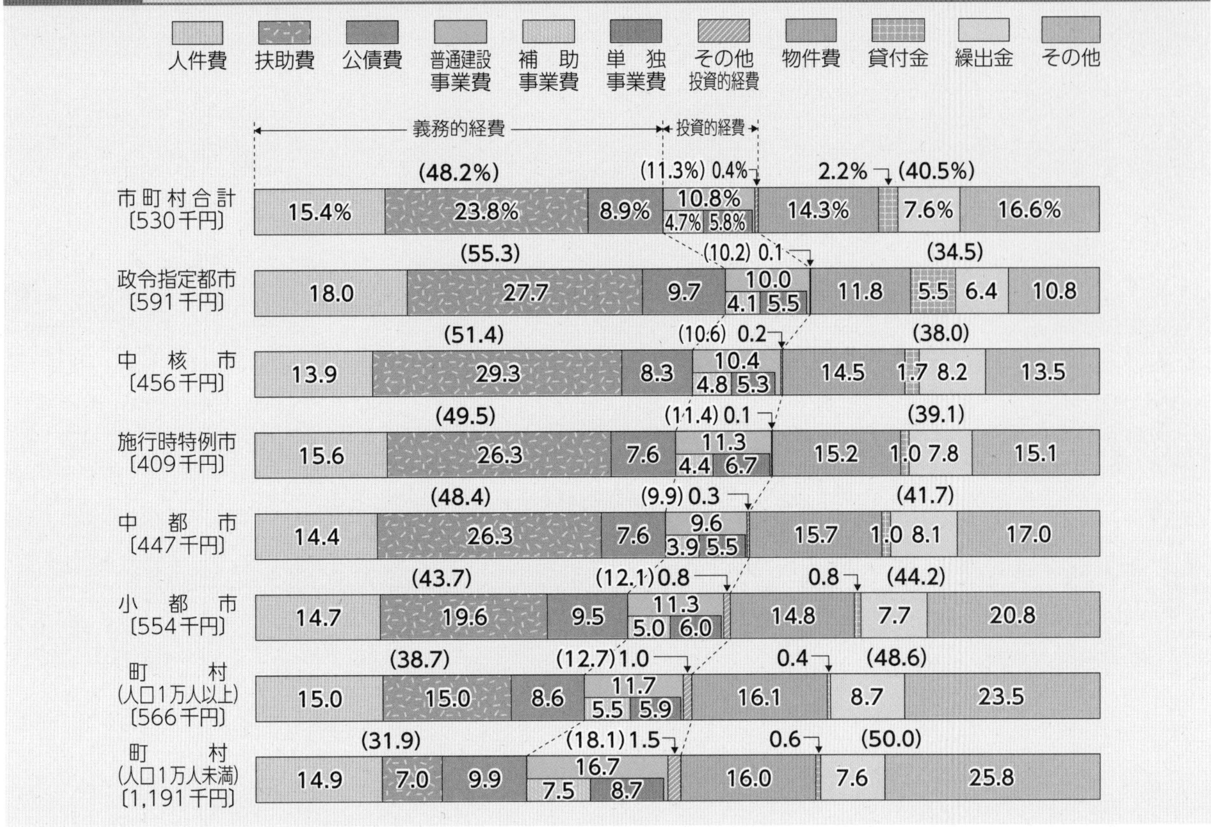

凡例: 人件費 / 扶助費 / 公債費 / 普通建設事業費 / 補助事業費 / 単独事業費 / その他投資的経費 / 物件費 / 貸付金 / 繰出金 / その他

義務的経費 ← → 投資的経費

団体区分	人件費	扶助費	公債費	補助事業費	単独事業費	その他投資的経費	物件費	貸付金	繰出金	その他
市町村合計〔530千円〕	15.4%	23.8%	8.9%	4.7%	5.8%	0.4%	14.3%	2.2%	7.6%	16.6%
	(48.2%)			(11.3%)10.8%			(40.5%)			
政令指定都市〔591千円〕	18.0	27.7	9.7	4.1	5.5	0.1	11.8	5.5	6.4	10.8
	(55.3)			(10.2)10.0			(34.5)			
中核市〔456千円〕	13.9	29.3	8.3	4.8	5.3	0.2	14.5	1.7	8.2	13.5
	(51.4)			(10.6)10.4			(38.0)			
施行時特例市〔409千円〕	15.6	26.3	7.6	4.4	6.7	0.1	15.2	1.0	7.8	15.1
	(49.5)			(11.4)11.3			(39.1)			
中都市〔447千円〕	14.4	26.3	7.6	3.9	5.5	0.3	15.7	1.0	8.1	17.0
	(48.4)			(9.9)9.6			(41.7)			
小都市〔554千円〕	14.7	19.6	9.5	5.0	6.0	0.8	14.8	0.8	7.7	20.8
	(43.7)			(12.1)11.3			(44.2)			
町村（人口1万人以上）〔566千円〕	15.0	15.0	8.6	5.5	5.9	1.0	16.1	0.4	8.7	23.5
	(38.7)			(12.7)11.7			(48.6)			
町村（人口1万人未満）〔1,191千円〕	14.9	7.0	9.9	7.5	8.7	1.5	16.0	0.6	7.6	25.8
	(31.9)			(18.1)16.7			(50.0)			

10

市町村の団体区分別財政状況

第2部

令和5年度及び令和6年度の地方財政

1 令和5年度の地方財政

(1) 地方財政計画

　令和5年度においては、通常収支分について、極めて厳しい地方財政の現状及び現下の経済情勢等を踏まえ、歳出面においては、地域のデジタル化や脱炭素化の推進等に対応するために必要な経費を充実して計上するとともに、地方公共団体が住民のニーズに的確に応えつつ、行政サービスを安定的に提供できるよう、社会保障関係費の増加を適切に反映した計上等を行う一方、国の取組と基調を合わせた歳出改革を行うこととする。また、歳入面においては、「経済財政運営と改革の基本方針2022」（令和4年6月7日閣議決定）等を踏まえ、交付団体を始め地方の安定的な財政運営に必要となる地方の一般財源総額について、令和4年度地方財政計画の水準を下回らないよう実質的に同水準を確保することを基本として、引き続き生じることとなった大幅な財源不足について、地方財政の運営上支障が生じないよう適切な補填措置を講じることとする。

　また、東日本大震災分については、復旧・復興事業及び全国防災事業について、通常収支とはそれぞれ別枠で整理し、所要の事業費及び財源を確保することとする。

　なお、地方財政審議会からは、令和4年5月25日に「活力ある持続可能な地域社会を実現するための地方税財政改革についての意見」及び同年12月9日に「今後目指すべき地方財政の姿と令和5年度の地方財政への対応等についての意見」が提出された。

　以上を踏まえ、次の方針に基づき令和5年度の地方財政計画を策定している。

ア　通常収支分

（ア）地方税制については、令和5年度地方税制改正では、自動車税及び軽自動車税の環境性能割の税率区分の見直し、航空機燃料譲与税の譲与割合の特例措置の見直し等の税制上の措置を講じることとしている。

（イ）地方財源不足見込額については、地方財政の運営に支障が生じることのないよう、次の措置を講じることとし、所要の法律改正を行う。

　a　「地方交付税法」（昭和25年法律第211号）第6条の3第2項に基づく制度改正として、令和5年度から令和7年度までの間は、令和4年度までと同様、財源不足が建設地方債（財源対策債）の増発等によってもなお残る場合には、この残余を国と地方が折半して補填することとし、国負担分については、国の一般会計からの加算により、地方負担分については、地方財政法第5条の特例となる地方債（臨時財政対策債）により補填措置を講じる。臨時財政対策債の元利償還金相当額については、その全額を後年度地方交付税の基準財政需要額に算入する。

　b　令和5年度の地方財源不足見込額1兆9,900億円については、上記の考え方に基づき、従前と同様の例により、次の補填措置を講じる。その結果、国と地方が折半して補填すべき額は生じないこととなる。

　（a）建設地方債（財源対策債）を7,600億円増発する。

　　　(b) 地方交付税については、国の一般会計加算（地方交付税法附則第4条の2第1項の加算）
　　　　により154億円増額する。

　　　　　また、交付税特別会計剰余金1,200億円を活用するとともに、「地方公共団体金融機構
　　　　法」（平成19年法律第64号）附則第14条の規定により財政投融資特別会計に帰属させる
　　　　地方公共団体金融機構の公庫債権金利変動準備金1,000億円を財政投融資特別会計から
　　　　交付税特別会計に繰り入れる。

　　　(c) 地方財政法第5条の特例となる地方債（臨時財政対策債）を9,946億円発行する。

　　c　交付税特別会計借入金の償還については、令和3年度の償還計画の見直しに伴い償還を繰
　　　り延べたものの一部8,000億円を増額し、1兆3,000億円の償還を実施する。

　　d　上記の結果、令和5年度の地方交付税については、18兆3,611億円（前年度比3,073億
　　　円、1.7％増）を確保する。

（ウ）地方債については、引き続き厳しい地方財政の状況の下で、地方財源の不足に対処するた
　　めの措置を講じ、また、地方公共団体が緊急に実施する防災・減災対策、公共施設等の適正管
　　理、地域の脱炭素化及び地域の活性化への取組等を着実に推進できるよう、所要の地方債資金
　　を確保する。

　　　この結果、地方債計画（＊）（通常収支分）の規模は、9兆4,981億円（普通会計分6兆
　　8,163億円、公営企業会計等分2兆6,818億円）とする。

（エ）地域のデジタル化や地方創生の推進、地域社会の維持・再生、地域の脱炭素化の推進、住
　　民に身近な社会資本の整備、社会保障施策の充実、地方公共団体の施設の光熱費高騰への対
　　応、消防力の充実、防災・減災、国土強靱化の推進、過疎地域の持続的発展等を図ることと
　　し、財源の重点的配分を行う。

　　a　「地域デジタル社会推進費」については、マイナンバーカード利活用特別分として500億
　　　円増額し、2,500億円を計上する。また、「まち・ひと・しごと創生事業費」については、
　　　「地方創生推進費」に名称変更し、引き続き1兆円（前年度同額）計上した上で、これと
　　　「地域デジタル社会推進費」を内訳として、「デジタル田園都市国家構想事業費」を1兆
　　　2,500億円計上する。

　　b　「地域社会再生事業費」については、引き続き4,200億円（前年度同額）を計上する。

　　c　投資的経費に係る地方単独事業費については、地方公共団体が、地域脱炭素の取組を計画
　　　的に実施できるよう、新たに「脱炭素化推進事業費」を1,000億円計上することとし、全
　　　体で前年度同額を計上し、引き続き、地域の自立や活性化につながる基盤整備を重点的・効
　　　率的に推進する。

　　d　「人づくり革命」として、幼児教育・保育の無償化、待機児童の解消、高等教育の無償化、
　　　介護人材の処遇改善に係る措置を講じることとしており、当該措置に係る地方負担について
　　　所要の財政措置を講じる。

　　e　社会保障・税一体改革による「社会保障の充実」として、子ども・子育て支援、医療・介
　　　護サービスの提供体制改革、医療・介護保険制度改革等に係る措置を講じることとしてお
　　　り、当該措置に係る地方負担について所要の財政措置を講じる。

　　f　一般行政経費（＊）に係る地方単独事業費については、社会保障関係費の増加や地方公共

団体の施設の光熱費高騰に伴う経費の増加等を適切に反映した計上を行うことにより、財源の重点的配分を図るとともに、地域において必要な行政課題に対して適切に対処する。

g　消防力の充実、防災・減災、国土強靱化の推進及び治安維持対策等住民生活の安心安全を確保するための施策に対し所要の財政措置を講じる。

h　過疎地域の持続的発展のための施策等に対し所要の財政措置を講じる。

（オ）公営企業（公営企業型地方独立行政法人を含む。以下同じ。）の経営基盤の強化を図るとともに、水道、下水道、交通、病院等住民生活に密接に関連した社会資本の整備の推進、公立病院における医療の提供体制の整備をはじめとする社会経済情勢の変化に対応した事業の展開等を図るため、経費負担区分等に基づき、一般会計から公営企業会計に対し所要の繰出しを行うこととする。

（カ）地方行財政運営の合理化を図ることとし、行政のデジタル化、適正な定員管理、事務事業の見直しや民間委託など引き続き行財政運営全般にわたる改革を推進する。

イ　東日本大震災分

（ア）復旧・復興事業

a　東日本大震災に係る復旧・復興事業等の実施のための特別の財政需要等を考慮して交付することとしている震災復興特別交付税については、直轄・補助事業に係る地方負担分等を措置するため、935億円を確保する。また、一般財源充当分として3億円を計上する。

b　地方債については、復旧・復興事業を円滑に推進できるよう、所要額についてその全額を公的資金で確保する。
　　この結果、地方債計画（東日本大震災分）における復旧・復興事業の規模は、13億円（普通会計分9億円、公営企業会計等分4億円）とする。

c　直轄事業負担金及び補助事業費、「地方自治法」（昭和22年法律第67号）に基づく職員の派遣、投資単独事業等の地方単独事業費並びに地方税法等に基づく特例措置分等の地方税等の減収分見合い歳出等について所要の事業費2,647億円を計上する。

（イ）全国防災事業

全国防災事業については、地方税の臨時的な税制上の措置（平成25年度～令和5年度）による地方税の収入見込額として646億円を計上するとともに、一般財源充当分として60億円を減額計上する。

以上のような方針に基づいて策定した令和5年度の地方財政計画は、**第44表**のとおりとなっており、その規模は、通常収支分は92兆350億円で、前年度と比べると1兆4,432億円増（1.6%増）となり、東日本大震災分は、復旧・復興事業が2,647億円で、前年度と比べると340億円減（11.4%減）、全国防災事業が587億円で、前年度と比べると436億円減（42.6%減）となっている。

また、令和5年度の地方債計画の規模は、通常収支分が9兆4,981億円で、前年度と比べると6,818億円減（6.7%減）となっている。東日本大震災分は、復旧・復興事業が13億円で、前年度と比べると2億円減（13.3%減）となっている。

| 第44表 | 令和5年度地方財政計画歳入歳出一覧（その1　通常収支分） | | （単位　億円・%） |

区　分	令和5年度 (A)	令和4年度 (B)	増減額 (A)−(B) (C)	増減率 (C)/(B)
地　方　税	428,751	412,305	16,446	4.0
地　方　譲　与　税	26,001	25,978	23	0.1
地　方　特　例　交　付　金　等	2,169	2,267	△　98	△　4.3
地　方　交　付　税	183,611	180,538	3,073	1.7
国　庫　支　出　金	150,085	148,826	1,259	0.8
地　方　債	68,163	76,077	△7,914	△10.4
うち臨時財政対策債	9,946	17,805	△7,859	△44.1
うち財源対策債	7,600	7,600	0	0.0
使　用　料　及　び　手　数　料	15,646	15,729	△　83	△　0.5
雑　収　入	45,867	44,456	1,411	3.2
復旧・復興事業一般財源充当分	△　3	△　4	1	△25.0
全国防災事業一般財源充当分	60	△254	314	△123.6
計	920,350	905,918	14,432	1.6
一　般　財　源	650,535	638,635	11,900	1.9
（水準超経費を除く交付団体ベース）	621,635	620,135	1,500	0.2
給　与　関　係　経　費	199,053	199,644	△　591	△　0.3
退　職　手　当　以　外	187,724	185,283	2,441	1.3
退　職　手　当	11,329	14,361	△3,032	△21.1
一　般　行　政　経　費	420,841	414,433	6,408	1.5
補　助	239,731	234,578	5,153	2.2
単　独	149,684	148,667	1,017	0.7
国民健康保険・後期高齢者医療制度関係事業費	14,726	14,988	△　262	△　1.7
デジタル田園都市国家構想事業費	12,500	12,000	500	4.2
地　方　創　生　推　進　費	10,000	10,000	0	0.0
地域デジタル社会推進費	2,500	2,000	500	25.0
地　域　社　会　再　生　事　業　費	4,200	4,200	0	0.0
公　債　費	112,614	114,259	△1,645	△　1.4
維　持　補　修　費	15,237	14,948	289	1.9
うち緊急浚渫推進事業費	1,100	1,100	0	0.0
投　資　的　経　費	119,731	119,785	△　54	△　0.0
直　轄　・　補　助	56,594	56,648	△　54	△　0.1
単　独	63,137	63,137	0	0.0
うち緊急防災・減災事業費	5,000	5,000	0	0.0
うち公共施設等適正管理推進事業費	4,800	5,800	△1,000	△17.2
うち緊急自然災害防止対策事業費	4,000	4,000	0	0.0
うち脱炭素化推進事業費	1,000	－	1,000	皆増
公　営　企　業　繰　出　金	23,974	24,349	△　375	△　1.5
企業債償還費普通会計負担分	13,997	14,398	△　401	△　2.8
そ　の　他	9,977	9,951	26	0.3
不　交　付　団　体　水　準　超　経　費	28,900	18,500	10,400	56.2
計	920,350	905,918	14,432	1.6
（水準超経費を除く交付団体ベース）	891,450	887,418	4,032	0.5
地　方　一　般　歳　出　（*）	764,839	758,761	6,078	0.8

（注）　1　デジタル田園都市国家構想事業費の令和4年度の額は、令和4年度地方財政計画の歳出に計上された「まち・ひと・しごと創生事業費」（1兆円）及び「地域デジタル社会推進費」（2,000億円）の合算額である。
　　　　2　地方創生推進費の令和4年度の額は、令和4年度地方財政計画の歳出に計上された「まち・ひと・しごと創生事業費」（1兆円）の額である。

第44表 令和5年度地方財政計画歳入歳出一覧（その2　東日本大震災分）　（単位　億円・％）

(1) 復旧・復興事業

区分		令和5年度(A)	令和4年度(B)	増減額(A)−(B)(C)	増減率(C)/(B)
歳入	震災復興特別交付税	935	1,069	△134	△12.5
	一般財源充当分	3	4	△1	△25.0
	国庫支出金	1,632	1,822	△190	△10.4
	地方債	9	9	0	0.0
	雑収入	68	83	△15	△18.1
	計	2,647	2,987	△340	△11.4
歳出	給与関係経費	54	58	△4	△6.9
	一般行政経費	1,288	1,418	△130	△9.2
	補助	902	921	△19	△2.1
	単独	386	497	△111	△22.3
	公債費	68	83	△15	△18.1
	投資的経費	1,237	1,428	△191	△13.4
	直轄・補助	1,235	1,426	△191	△13.4
	単独	2	2	△0	△0.0
	公営企業繰出金	0	0	△0	△0.0
	計	2,647	2,987	△340	△11.4

(2) 全国防災事業

区分		令和5年度(A)	令和4年度(B)	増減額(A)−(B)(C)	増減率(C)/(B)
歳入	地方税	646	768	△122	△15.9
	一般財源充当分	△60	254	△314	△123.6
	雑収入	1	1	0	0.0
	計	587	1,023	△436	△42.6
歳出	公債費	587	1,023	△436	△42.6
	計	587	1,023	△436	△42.6

(2)　令和5年度補正予算及び一般会計予備費の使用

ア　令和5年度補正予算（第1号）とそれに伴う財政措置等

（ア）令和5年度補正予算（第1号）

　令和5年度補正予算（第1号）は、令和5年11月10日に閣議決定、同年11月20日に第212回臨時国会に提出され、同年11月29日に成立した。

　この補正予算においては、歳出面で、物価高から国民生活を守る2兆7,363億円、地方・中堅・中小企業を含めた持続的賃上げ、所得向上と地方の成長を実現する1兆3,303億円、成長力の強化・高度化に資する国内投資を促進する3兆4,375億円、人口減少を乗り越え、変化を力にする社会変革を起動・推進する1兆3,403億円、国土強靱化、防災・減災など国民の安全・安心を確保する4兆2,827億円、地方交付税交付金7,820億円等が追加計上されたほか、既定経費の減額3兆5,098億円の修正減少額が計上された。また、歳入面で、税収1,710億円、税外収入7,621億円、前年度剰余金受入3兆3,911億円、公債金8兆8,750億円（建設公債2兆

5,100億円及び特例公債6兆3,650億円）が追加計上された。

　この結果、一般会計予算の規模は、歳入歳出とも令和5年度当初予算に対し、13兆1,992億円増加し、127兆5,804億円となった。

（イ）令和5年度補正予算（第1号）に係る財政措置等

　この補正予算においては、国税収入の決算等に伴い地方交付税が増額されるとともに、歳出の追加に伴う地方負担の増加が生じること等から、以下のとおり措置を講じることとした。

　a　地方交付税

　　この補正予算において、地方交付税法第6条第2項の規定に基づき増額される令和5年度分の地方交付税の額は、8,584億円（令和4年度国税決算に伴う地方交付税法定率分の増額8,230億円及び令和5年度国税収入の補正に伴う地方交付税法定率分の増額354億円）である。また、令和5年度当初に行うこととしていた交付税特別会計借入金の償還については、当該償還予定額のうち3,000億円の償還を繰り延べるとともに、当該額を令和5年度当初の地方交付税の総額に加算することとし、これらの合算額1兆1,584億円については、以下のとおり措置する。

　（a）以下のとおり、5,741億円を令和5年度の地方交付税総額に加算して増額交付する措置を講じる。

　　①　普通交付税の調整額を復活するとともに、国の補正予算における歳出の追加に伴う地方負担及び地方公務員の給与改定を実施する場合に必要となる経費の一部を措置するため、令和5年度の地方交付税を2,591億円（普通交付税2,436億円及び特別交付税155億円）増額交付する。

　　　この普通交付税の増額交付に対応して、令和5年度に限り、基準財政需要額の費目に「臨時経済対策費」を創設するとともに、調整額を復活する。

　　②　令和6年度及び令和7年度における臨時財政対策債の元利償還金の一部を償還するための基金の積立てに要する経費の財源を措置するため、令和5年度の普通交付税を3,000億円増額交付する。

　　　これに対応して、令和5年度に限り、基準財政需要額の費目に「臨時財政対策債償還基金費」を創設する。

　　　なお、「臨時財政対策債償還基金費」の算定額については、令和6年度及び令和7年度の「臨時財政対策債償還費」からそれぞれ当該算定額の2分の1に相当する額を控除する。

　　③　本年度の災害等の状況にかんがみ、上記①の155億円に加えて、令和5年度の特別交付税の総額に150億円加算する。

　　④　上記①②に伴い、普通交付税の再算定を行う。

　（b）令和5年度地方財政計画において「地域デジタル社会推進費」を計上するために活用することとしていた令和5年度の地方公共団体金融機構の公庫債権金利変動準備金1,000億円について、その活用時期を見直す。

　（c）残余の額4,843億円については、令和6年度分として交付すべき地方交付税の総額に加算して交付する措置を講じる。

　以上の措置を講じるため、「地方交付税法及び特別会計に関する法律の一部を改正する法律案」を第212回臨時国会に提出し、令和5年11月29日に成立した（令和5年法律第83号）。

b　追加の財政需要

　この補正予算においては、歳出の追加に伴う地方負担が生じることから、これに対しては以下のとおり財政措置を講じる。

(a)　この補正予算により令和5年度に追加されることとなる投資的経費に係る地方負担については、原則として、その100%まで地方債を充当できることとし、以下に掲げるものを除き、後年度における元利償還金の50%（当初における地方負担額に対する算入率が50%を超えるものについては、当初の算入率）を公債費方式により基準財政需要額に算入する。

① 災害復旧事業債

Ⅰ　補助災害復旧事業債

　補助災害復旧事業債の後年度における元利償還金については、その95%を公債費方式により基準財政需要額に算入する。

Ⅱ　災害対策債

（Ⅰ）なりわい再建支援事業（地方公共団体が補助する経費の2/3を国が補助する場合）に係る災害対策債の後年度における元利償還金については、その95%を公債費方式により基準財政需要額に算入する。

（Ⅱ）災害廃棄物処理事業については、地方負担額の80%を特別交付税により措置した上で、残余について、災害対策債の発行要件を満たす地方公共団体においては、災害対策債の後年度における元利償還金の57%を特別交付税により措置する。

Ⅲ　一般単独災害復旧事業債

　一般単独災害復旧事業債の後年度における元利償還金については、地方公共団体の財政力に応じ、その47.5%〜85.5%を公債費方式により基準財政需要額に算入する。

Ⅳ　地方公営企業災害復旧事業債

　地方公営企業災害復旧事業債の後年度における元利償還金については、一般会計からの繰出額に応じ、その最大50%までを特別交付税により措置する。

② 公営企業債

　当初における一般会計からの繰出額の一部に対する算定と同様の方式により措置する。

③ 一般事業債

　災害援護貸付金について、資金手当として一般事業債を充当できることとする。

(b)　この補正予算により令和5年度に追加されることとなる地方債の対象とならない経費については、以下のとおり財政措置を講じる。

① 感染症医療費負担金事業に係る地方負担については、令和4年度から繰り越された新型コロナウイルス感染症対応地方創生臨時交付金（国庫補助事業等の地方負担分）の算定対象とする。

② 上記①以外の事業に係る地方負担については、上記a（a）の地方交付税の増額交付等の中で対応する。

　c　物価高騰対応重点支援地方創生臨時交付金の増額等

　　この補正予算においては、物価高騰対応重点支援地方創生臨時交付金を1兆5,592億円（うち低所得世帯支援枠分1兆592億円、推奨事業メニュー分5,000億円）増額することとされた。

　　このほか、全額国費により、新型コロナウイルス感染症緊急包括支援交付金の増額（6,143億円（医療分））、新型コロナウイルスワクチンの接種体制の整備・接種の実施（887億円）等に係る事業を計上することとされた。

（ウ）地方公務員の給与改定

　令和5年の国家公務員の給与改定については、国の給与関係法の公布及び施行（令和5年11月24日）に伴い、その取扱いが決定されたが、地方公務員の給与改定については、地方公務員法の趣旨に沿って適切に対応されるよう、また「常勤職員の給与改定が行われた場合における会計年度任用職員の給与に係る取扱いについて」（令和5年5月2日付け総務省自治行政局公務員部給与能率推進室長通知）を踏まえ、常勤職員の給与改定が行われた場合における会計年度任用職員の給与について、改定の実施時期を含め、常勤職員の給与改定に係る取扱いに準じて改定することを基本とし、適切に対処されるよう、「地方公務員の給与改定等に関する取扱いについて」（令和5年10月20日付け総務副大臣通知）で通知した。

　なお、当該給与改定に係る一般財源所要額については、地方財政計画上の追加財政需要額（4,200億円）及び上記（イ）a（a）の地方交付税の増額交付の中で対応することとした。

イ　令和5年度一般会計予備費の使用とそれに伴う財政措置

（ア）予備費の使用

　令和5年度一般会計予備費について、令和6年1月26日に1,534億円の使用が閣議決定された。

（イ）予備費の使用に係る財政措置

　この予備費使用においては、歳出の追加に伴う地方負担が生じることから、これに対しては以下のとおり財政措置を講じることとした。

　a　この予備費の使用により令和5年度に追加されることとなる投資的経費に係る地方負担額については、原則として、その100％まで地方債充当できることとし、後年度においてその元利償還金について以下のとおり地方交付税により措置する。

　　（a）災害復旧事業債

　　　①　補助災害復旧事業債

　　　　補助災害復旧事業債の後年度における元利償還金については、その95％を公債費方式により基準財政需要額に算入する。

　　　②　災害対策債

　　　　Ⅰ　令和6年能登半島地震により「被災者生活再建支援法」（平成10年法律第66号）が適用された石川県並びに被災者生活再建支援法及び「災害救助法」（昭和22年法律第118号）が適用された市町村は、「災害対策基本法施行令」（昭和37年政令第288号）第43条第3項に基づき災害対策債を発行できることとする。

　　　　Ⅱ　なりわい再建支援事業（地方公共団体が補助する経費の2/3を国が補助する場合）

及び災害廃棄物処理事業に係る災害対策債の後年度における元利償還金については、その95％を公債費方式により基準財政需要額に算入する。

　　Ⅲ　災害救助費（特別交付税措置を講じた残余の地方負担額に限る。）に係る災害対策債の後年度における元利償還金については、その57％を特別交付税により措置する。

　③　一般単独災害復旧事業債

　　一般単独災害復旧事業債の後年度における元利償還金については、地方公共団体の財政力に応じ、その47.5％〜85.5％を公債費方式により基準財政需要額に算入する。

(b)　補正予算債

　①　災害関連事業

　　補正予算債を充当できることとし、後年度における元利償還金の80％を公債費方式により基準財政需要額に算入する。

　②　災害援護貸付金

　　資金手当として補正予算債を充当できることとする。

b　この一般会計予備費の使用により令和5年度に追加されることとなる地方債の対象とならない経費については、以下のとおり財政措置を講じる。

(a)　なりわい再建支援事業

　　地方公共団体が補助する経費の2/3を国が補助する場合、災害対策債の発行要件を満たさない地方公共団体においては、地方負担額の95％を特別交付税により措置する。

　　なお、地方公共団体が事業者負担に対して総事業費の3/4以内で補助する経費の1/2を国が補助する場合、地方負担額の70％を特別交付税により措置する。

(b)　災害廃棄物処理事業

　　災害対策債の発行要件を満たさない地方公共団体においては、地方負担額の95％を特別交付税により措置する。

(c)　災害救助費

　　災害救助費に要する経費の40％（地方負担額を限度）に対して、特別交付税により措置する。

(d)　その他

　　上記（a）〜（c）以外の事業に係る地方負担については、所要の特別交付税措置を講じるほか、地方公共団体が行う公共施設又は公用施設の整備事業等について、当該事業に係る通常の地方債に加え、当該地方負担の額の範囲内で地方債を充当することが可能な額を対象として、資金手当として補正予算債を充当できることとする。

（ウ）地方税等の減収に係る財政措置

　歳入欠かん債の発行要件を満たす地方公共団体（上記（イ）a（a）②Ⅰと同様）においては、令和6年能登半島地震に伴う地方税等の減免による減収額について、その100％まで歳入欠かん債を発行できることとし、後年度における元利償還金については、発行年度における標準税収入額に占める発行額の割合に応じ、その75％〜85.5％を公債費方式により基準財政需要額に算入することとする。

(3) 公営企業等に関する財政措置

⑦ 公営企業

（ア）通常収支分

公営企業については、上記（1）ア（オ）の公営企業会計と一般会計との間における経費負担区分の原則等に基づく公営企業繰出金として、地方財政計画において2兆3,974億円（前年度2兆4,349億円）を計上する。

公営企業の建設改良等に要する地方債については、地方債計画において公営企業会計等分2兆6,818億円（前年度2兆5,722億円）を計上する。

各事業における地方財政措置のうち主なものは、以下のとおりである。

a　公営企業会計の更なる適用の推進について、重点事業としている下水道事業及び簡易水道事業について、人口3万人未満の地方公共団体においても令和5年度までに公営企業会計に移行するなど、公営企業会計の適用が円滑に実施されるよう、適用に要する経費や、市町村に対して都道府県が行う支援に要する経費について、引き続き地方財政措置を講じる。

b　水道事業については、多様な広域化を推進し、持続的な経営を確保するため、都道府県が実施する広域化の推進のための調査検討に要する経費について、新たに地方交付税措置を講じるとともに、広域化に伴う施設の整備費等について、引き続き地方財政措置を講じる。

c　下水道事業については、広域化・共同化を推進し、持続的な経営を確保するため、都道府県が実施する広域化・共同化の推進のための調査検討に要する経費について、新たに地方交付税措置を講じるとともに、広域化・共同化に伴う施設の整備費等について、事務を共同で処理する際に必要なシステム整備費を対象に追加した上で、引き続き地方財政措置を講じる。

d　病院事業については、公立病院等の経営強化を推進し、持続可能な地域医療提供体制を確保するため、機能分化・連携強化、医師・看護師等の確保の取組等の支援について、引き続き地方財政措置を講じる。

また、公立病院等の施設整備費に対する地方交付税措置の対象となる建築単価の上限を引き上げるとともに、令和3年度に講じた不採算地区病院等に対する特別交付税措置の拡充を令和5年度においても継続する。

（イ）東日本大震災分

公営企業に係る復旧・復興事業については、一般会計から公営企業会計への繰出基準の特例を設け、一般会計から公営企業会計に対し所要の繰出しを行うこととし、当該繰出金に対しては、その全額を震災復興特別交付税により措置することとしており、地方財政計画において0.19億円を計上する。また、復旧・復興事業に係る地方債については、地方債計画において公営企業会計等分4億円を計上する。

⑦ 国民健康保険事業

国民健康保険事業については、厳しい財政状況に配意し、財政基盤の強化のための支援措置を次のとおり講じることとしている。

（ア）都道府県が、都道府県内の市町村の財政の状況その他の事情に応じた財政調整を行うため、「国民健康保険法」（昭和33年法律第192号）第72条の2に基づき、一般会計から当該都道府県国保に繰り入れられる都道府県繰入金（給付費等の9%分）については、その所要額（5,910億円）について地方交付税措置を講じる。

（イ）国保被保険者のうち低所得者に係る保険料負担の緩和を図る観点から、市町村（一部事務組合等を除く。）が保険料軽減相当額に応じて、一般会計から国民健康保険特別会計への繰入れを行う際に、当該費用に対し、都道府県が一部（都道府県3/4、市町村1/4）を負担することとし、その所要額（4,271億円）について地方交付税措置を講じる。

（ウ）国保被保険者のうち未就学児に係る保険料負担の緩和を図る観点から、市町村（一部事務組合等を除く。）が保険料軽減相当額に応じて、一般会計から国民健康保険特別会計への繰入れを行う際に、当該費用に対し、国及び都道府県が一部（国1/2、都道府県1/4、市町村1/4）を負担することとし、地方負担（40億円）について地方交付税措置を講じる。

（エ）国保被保険者のうち子育て世代の負担軽減、次世代育成支援及び負担能力に応じた負担とする観点から、市町村（一部事務組合等を除く。）が産前産後期間の保険料免除相当額に応じて、一般会計から国民健康保険特別会計への繰入れを行う際に、当該費用に対し、国及び都道府県が一部（国1/2、都道府県1/4、市町村1/4）を負担することとし、地方負担（2億円）について地方交付税措置を講じる。

（オ）低所得者を多く抱える保険者を支援する観点から、市町村（一部事務組合等を除く。）が低所得者数に応じて、一般会計から国民健康保険特別会計への繰入れを行う際に、当該費用に対し、国及び都道府県が一部（国1/2、都道府県1/4、市町村1/4）を負担することとし、地方負担（1,344億円）について地方交付税措置を講じる。

（カ）高額医療費負担金（4,043億円）については、都道府県国保に対し、国及び都道府県が一部（国1/4、都道府県1/4、都道府県国保1/2）を負担することとし、地方負担（1,011億円）について地方交付税措置を講じる。

（キ）国保財政安定化支援事業については、国保財政の健全化に向けた市町村一般会計から国民健康保険特別会計への繰入れについて、所要の地方交付税措置（1,000億円）を講じる。

（ク）出産に直接要する費用や出産前後の健診費用等の出産に要すべき費用の経済的負担の軽減を図るための出産育児一時金については、令和5年4月から50万円に引き上げられるとともに、引き続き市町村が一部（市町村2/3、市町村国保1/3）を負担することとし、地方負担（187億円）について地方交付税措置を講じる。

（ケ）国民生活の質の維持・向上を確保しつつ、医療費の適正化を図ることを目的として、40歳から74歳までの国保被保険者に対して糖尿病等の予防に着目した健診及び保健指導を行うため、特定健康診査・保健指導事業（388億円）に対して、国及び都道府県が一部（国1/3、都道府県1/3、都道府県国保1/3）を負担することとし、地方負担（129億円）について地方交付税措置を講じる。

ウ　後期高齢者医療事業

後期高齢者医療事業については、実施主体である後期高齢者医療広域連合の財政基盤の強化のた

めの支援措置を次のとおり講じることとしている。

(ア) 保険料軽減制度については、低所得者に対する配慮として、後期高齢者の被保険者の保険料負担の緩和（均等割2割・5割・7割軽減）を図るため、都道府県及び市町村（一部事務組合等を除く。）が負担（都道府県3/4、市町村1/4）することとし、その所要額（3,545億円）について地方交付税措置を講じる。

(イ) 高額医療費負担金（4,103億円）については、後期高齢者医療広域連合の拠出金に対し、国及び都道府県が一部（国1/4、都道府県1/4、後期高齢者医療広域連合1/2）を負担することとし、地方負担（1,026億円）について地方交付税措置を講じる。

(ウ) 財政安定化基金については、保険料未納や給付増リスク等による後期高齢者医療広域連合の財政影響に対応するため、都道府県に基金を設置しその拠出金（201億円）に対して国及び都道府県が一部（国1/3、都道府県1/3、後期高齢者医療広域連合1/3）を負担することとし、地方負担（67億円）について地方交付税措置を講じる。

(エ) 後期高齢者医療広域連合に対する市町村分担金、市町村（一部事務組合等を除く。）の事務経費及び都道府県の後期高齢者医療審査会関係経費等について所要の地方交付税措置を講じる。

2　令和6年度の地方財政

(1)　地方財政計画

　令和6年度においては、通常収支分について、極めて厳しい地方財政の現状及び現下の経済情勢等を踏まえ、歳出面においては、こども・子育て政策の強化等に対応するために必要な経費を充実して計上するとともに、地方公共団体が住民のニーズに的確に応えつつ、行政サービスを安定的に提供できるよう、社会保障関係費や民間における賃上げ等を踏まえた人件費の増加を適切に反映した計上等を行う一方、国の取組と基調を合わせた歳出改革を行うこととする。また、歳入面においては、「経済財政運営と改革の基本方針2023」（令和5年6月16日閣議決定）等を踏まえ、交付団体を始め地方の安定的な財政運営に必要となる地方の一般財源総額について、令和5年度地方財政計画の水準を下回らないよう実質的に同水準を確保することを基本として、引き続き生じることとなった大幅な財源不足について、地方財政の運営上支障が生じないよう適切な補塡措置を講じることとする。

　また、東日本大震災分については、復旧・復興事業及び全国防災事業について、通常収支とはそれぞれ別枠で整理し、所要の事業費及び財源を確保することとする。

　なお、地方財政審議会からは、令和5年5月25日に「活力ある多様な地域社会を実現するための地方税財政改革についての意見」及び同年12月11日に「今後目指すべき地方財政の姿と令和6年度の地方財政への対応等についての意見」が提出された。

　以上を踏まえ、次の方針に基づき令和6年度の地方財政計画を策定している。

⑦　通常収支分

（ア）地方税制については、令和6年度地方税制改正では、個人住民税の定額減税を実施するほか、法人事業税の外形標準課税に係る適用対象法人の見直し、令和6年度評価替えに伴う土地に係る固定資産税の負担調整措置等の延長、森林環境譲与税の譲与基準の見直し等の税制上の措置を講じることとしている。

（イ）所得税・個人住民税の定額減税に伴う減収については、次の措置を講じる。

　a　個人住民税の定額減税に伴う減収9,234億円については、個人住民税減収補塡特例交付金によりその全額を補塡する。

　b　所得税の定額減税に伴う地方交付税の減収7,620億円については、前年度からの繰越金及び自然増収による地方交付税法定率分の増1兆1,982億円により対応する。

　　さらに、2,076億円を、令和7年度以降、国の一般会計から交付税特別会計に繰り入れるものとし、当該加算額については交付税特別会計借入金の償還に充てるものとする。

（ウ）地方財源不足見込額については、地方財政の運営に支障が生じることのないよう、次の措置を講じることとし、所要の法律改正を行う。

　a　令和6年度の地方財源不足見込額1兆8,132億円については、令和5年度に講じた令和7年度までの制度改正に基づき、従前と同様の例により、次の補塡措置を講じる。その結果、国と地方が折半して補塡すべき額は生じないこととなる。

　　（a）建設地方債（財源対策債）を7,600億円増発する。

　　（b）地方交付税については、国の一般会計加算により3,488億円（地方交付税法附則第4条の2第1項の加算額154億円及び同条第3項の加算額834億円並びに平成22年12月22日付け総務・財務両大臣覚書第3項（2）及び令和4年12月21日付け総務・財務両大臣覚書第8項に定める「乖離是正分加算額」2,500億円）増額する。

　　　　また、交付税特別会計剰余金500億円を活用するとともに、地方公共団体金融機構法附則第14条の規定により財政投融資特別会計に帰属させる地方公共団体金融機構の公庫債権金利変動準備金2,000億円を財政投融資特別会計から交付税特別会計に繰り入れる。

　　（c）地方財政法第5条の特例となる地方債（臨時財政対策債）を4,544億円発行する。

　b　交付税特別会計借入金の償還については、「特別会計に関する法律」（平成19年法律第23号）附則第4条第1項に基づき、5,000億円の償還を実施する。

　c　上記の結果、令和6年度の地方交付税については、18兆6,671億円（前年度比3,060億円、1.7％増）を確保する。

（エ）地方債については、引き続き厳しい地方財政の状況の下で、地方財源の不足に対処するための措置を講じ、また、地方公共団体が緊急に実施する防災・減災対策、公共施設等の適正管理、地域の脱炭素化、こども・子育て支援、地域の活性化への取組等を着実に推進できるよう、所要の地方債資金を確保する。

　　この結果、地方債計画（通常収支分）の規模は、9兆2,184億円（普通会計分6兆3,103億円、公営企業会計等分2兆9,081億円）とする。

（オ）地域のデジタル化や地方創生の推進、地域社会の維持・再生、こども・子育て政策の強化、住民に身近な社会資本の整備、社会保障施策の充実、消防力の充実、防災・減災、国土強靱化の推進、過疎地域の持続的発展等を図ることとし、財源の重点的配分を行う。

　a　「デジタル田園都市国家構想事業費」については、1兆2,500億円（前年度同額）計上する。

　b　「地域社会再生事業費」については、4,200億円（前年度同額）計上する。

　c　「こども未来戦略」（令和5年12月22日閣議決定）に掲げる「こども・子育て支援加速化プラン」における地方負担について所要の財政措置を講じる。

　d　投資的経費に係る地方単独事業費については、新たに「こども・子育て支援事業費」を500億円計上することとし、全体で前年度に比べ0.8％増額し、引き続き、地域の自立や活性化につながる基盤整備を重点的・効率的に推進する。

　e　「人づくり革命」として、幼児教育・保育の無償化、待機児童の解消、高等教育の無償化、介護人材の処遇改善に係る措置を講じることとしており、当該措置に係る地方負担について所要の財政措置を講じる。

　f　社会保障・税一体改革による「社会保障の充実」として、こども・子育て支援、医療・介護サービスの提供体制改革、医療・介護保険制度改革等に係る措置を講じることとしており、当該措置に係る地方負担について所要の財政措置を講じる。

　g　一般行政経費に係る地方単独事業費については、こども・子育て政策の強化等による社会保障関係費の増加や会計年度任用職員への勤勉手当の支給に要する経費等を適切に反映した

計上を行うことにより、財源の重点的配分を図るとともに、地域において必要な行政課題に対して適切に対処する。

h　消防力の充実、防災・減災、国土強靱化の推進及び治安維持対策等住民生活の安心安全を確保するための施策に対し所要の財政措置を講じる。

i　過疎地域の持続的発展のための施策等に対し所要の財政措置を講じる。

（カ）公営企業の経営基盤の強化を図るとともに、水道、下水道、交通、病院等住民生活に密接に関連した社会資本の整備の推進、公立病院における医療の提供体制の整備をはじめとする社会経済情勢の変化に対応した事業の展開等を図るため、経費負担区分等に基づき、一般会計から公営企業会計に対し所要の繰出しを行うこととする。

（キ）地方行財政運営の合理化を図ることとし、行政のデジタル化、適正な定員管理、事務事業の見直しや民間委託など引き続き行財政運営全般にわたる改革を推進する。

イ　東日本大震災分

（ア）復旧・復興事業

a　東日本大震災に係る復旧・復興事業等の実施のための特別の財政需要等を考慮して交付することとしている震災復興特別交付税については、補助事業に係る地方負担分等を措置するため、904億円を確保する。また、一般財源充当分として8億円を計上する。

b　地方債については、復旧・復興事業を円滑に推進できるよう、所要額についてその全額を公的資金で確保する。

　この結果、地方債計画（東日本大震災分）における復旧・復興事業の規模は、7億円（普通会計分2億円、公営企業会計等分5億円）とする。

c　補助事業費、地方税法等に基づく特例措置分等の地方税等の減収分見合い歳出、地方自治法に基づく職員の派遣、投資単独事業等の地方単独事業費等について所要の事業費2,631億円を計上する。

（イ）全国防災事業

全国防災事業については、地方税の臨時的な税制上の措置（平成25年度～令和5年度）による地方税の収入見込額として80億円を計上するとともに、一般財源充当分として169億円を計上する。

以上のような方針に基づいて策定した令和6年度の地方財政計画は、**第45表**のとおりとなっており、その規模は、通常収支分は93兆6,388億円で、前年度と比べると1兆6,038億円増（1.7％増）となり、東日本大震災分は、復旧・復興事業が2,631億円で、前年度と比べると16億円減（0.6％減）、全国防災事業が250億円で、前年度と比べると337億円減（57.4％減）となっている。

また、令和6年度の地方債計画の規模は、通常収支分が9兆2,184億円で、前年度と比べると2,797億円減（2.9％減）となっている。東日本大震災分は、復旧・復興事業が7億円で、前年度と比べると6億円減（46.2％減）となっている。

| 第45表 | 令和6年度地方財政計画歳入歳出一覧（その1　通常収支分） | （単位　億円・%） |

区　　分		令和6年度 (A)	令和5年度 (B)	増減額 (A)−(B) (C)	増減率 (C)/(B)
歳入	地　　方　　税	427,329	428,751	△ 1,422	△ 0.3
	地　方　譲　与　税	27,293	26,001	1,292	5.0
	地　方　特　例　交　付　金　等	11,320	2,169	9,151	421.9
	地　方　交　付　税	186,671	183,611	3,060	1.7
	国　庫　支　出　金	158,042	150,085	7,957	5.3
	地　　方　　債	63,103	68,163	△ 5,060	△ 7.4
	うち臨時財政対策債	4,544	9,946	△ 5,402	△ 54.3
	うち財源対策債	7,600	7,600	0	0.0
	使　用　料　及　び　手　数　料	15,625	15,646	△ 21	△ 0.1
	雑　　　収　　　入	47,182	45,867	1,315	2.9
	復旧・復興事業一般財源充当分	△ 8	△ 3	△ 5	166.7
	全国防災事業一般財源充当分	△ 169	60	△ 229	△ 381.7
	計	936,388	920,350	16,038	1.7
	一　般　財　源	656,980	650,535	6,445	1.0
	（水準超経費を除く交付団体ベース）	627,180	621,635	5,545	0.9
歳出	給　与　関　係　経　費	202,292	199,053	3,239	1.6
	退　職　手　当　以　外	191,527	187,724	3,803	2.0
	退　職　手　当	10,765	11,329	△ 564	△ 5.0
	一　般　行　政　経　費	436,893	420,841	16,052	3.8
	補　　　　　助	251,417	239,731	11,686	4.9
	単　　　　　独	153,861	149,684	4,177	2.8
	国民健康保険・後期高齢者医療制度関係事業費	14,915	14,726	189	1.3
	デジタル田園都市国家構想事業費	12,500	12,500	0	0.0
	地　方　創　生　推　進　費	10,000	10,000	0	0.0
	地域デジタル社会推進費	2,500	2,500	0	0.0
	地　域　社　会　再　生　事　業　費	4,200	4,200	0	0.0
	公　　　債　　　費	108,961	112,614	△ 3,653	△ 3.2
	維　持　補　修　費	15,344	15,237	107	0.7
	うち緊急浚渫推進事業費	1,100	1,100	0	0.0
	投　資　的　経　費	119,896	119,731	165	0.1
	直　轄　・　補　助	56,259	56,594	△ 335	△ 0.6
	単　　　　　独	63,637	63,137	500	0.8
	うち緊急防災・減災事業費	5,000	5,000	0	0.0
	うち公共施設等適正管理推進事業費	4,800	4,800	0	0.0
	うち緊急自然災害防止対策事業費	4,000	4,000	0	0.0
	うち脱炭素化推進事業費	1,000	1,000	0	0.0
	うちこども・子育て支援事業費	500	−	500	皆増
	公　営　企　業　繰　出　金	23,202	23,974	△ 772	△ 3.2
	企業債償還費普通会計負担分	13,059	13,997	△ 938	△ 6.7
	そ　　　の　　　他	10,143	9,977	166	1.7
	不　交　付　団　体　水　準　超　経　費	29,800	28,900	900	3.1
	計	936,388	920,350	16,038	1.7
	（水準超経費を除く交付団体ベース）	906,588	891,450	15,138	1.7
	地　方　一　般　歳　出	784,568	764,839	19,729	2.6

第45表　令和6年度地方財政計画歳入歳出一覧（その2　東日本大震災分）　(単位　億円・%)

(1) 復旧・復興事業

区　分		令和6年度 (A)	令和5年度 (B)	増減額 (A)−(B) (C)	増減率 (C)/(B)
歳入	震 災 復 興 特 別 交 付 税	904	935	△ 31	△ 3.3
	一 般 財 源 充 当 分	8	3	5	166.7
	国 庫 支 出 金	1,655	1,632	23	1.4
	地 方 債	2	9	△ 7	△77.8
	雑 収 入	62	68	△ 6	△ 8.8
	計	2,631	2,647	△ 16	△ 0.6
歳出	給 与 関 係 経 費	51	54	△ 3	△ 5.6
	一 般 行 政 経 費	1,187	1,288	△101	△ 7.8
	補 助	836	902	△ 66	△ 7.3
	単 独	351	386	△ 35	△ 9.1
	公 債 費	62	68	△ 6	△ 8.8
	投 資 的 経 費	1,331	1,237	94	7.6
	直 轄 ・ 補 助	1,329	1,235	94	7.6
	単 独	2	2	0	0.0
	公 営 企 業 繰 出 金	0	0	0	0.0
	計	2,631	2,647	△ 16	△ 0.6

(2) 全国防災事業

区　分		令和6年度 (A)	令和5年度 (B)	増減額 (A)−(B) (C)	増減率 (C)/(B)
歳入	地 方 税	80	646	△566	△ 87.6
	一 般 財 源 充 当 分	169	△60	229	△381.7
	雑 収 入	1	1	0	0.0
	計	250	587	△337	△ 57.4
歳出	公 債 費	250	587	△337	△ 57.4
	計	250	587	△337	△ 57.4

(2) 公営企業等に関する財政措置

⑦ 公営企業

（ア）通常収支分

　公営企業については、上記（1）ア（カ）の公営企業会計と一般会計との間における経費負担区分の原則等に基づく公営企業繰出金として、地方財政計画において2兆3,202億円（前年度2兆3,974億円）を計上する。

　公営企業の建設改良等に要する地方債については、地方債計画において公営企業会計等分2兆9,081億円（前年度2兆6,818億円）を計上する。

　各事業における地方財政措置のうち主なものは、以下のとおりである。

　a　公営企業会計の適用の更なる推進について、重点事業としている下水道事業及び簡易水道事業については早急に公営企業会計を適用し、その他の事業についてはできる限り公営企業会計を適用するなど、地方公共団体において円滑に取組が実施されるよう、適用に要する経費や、

市町村に対して都道府県が行う支援に要する経費について、引き続き地方財政措置を講じる。

b　公営企業会計の適用の進捗を踏まえ、公債費負担を適正な水準の料金収入等で賄える程度に平準化できるよう、資本費平準化債の発行可能額の算定において、過去に発行した資本費平準化債の元金償還金を新たに算定対象に加えることとしている。

c　水道事業については、広域化を推進し、持続的な経営を確保するため、広域化に伴う施設の整備費等や都道府県が実施する広域化の推進のための調査検討に要する経費について、引き続き地方財政措置を講じる。

また、水道管路の計画的な耐震化を推進するため、水道管路耐震化事業に対する地方財政措置について、対象となる上積事業費の算出方法を見直した上で継続する。

d　下水道事業については、広域化・共同化を推進し、持続的な経営を確保するため、広域化・共同化に伴う施設の整備費等や都道府県が実施する広域化・共同化の推進のための調査検討に要する経費について、引き続き地方財政措置を講じる。

e　病院事業については、公立病院等の経営強化を推進し、持続可能な地域医療提供体制を確保するため、機能分化・連携強化、医師・看護師等の確保の取組等の支援について、引き続き地方財政措置を講じる。

また、公立病院等の施設整備費に対する地方交付税措置の対象となる建築単価の上限を引き上げるとともに、令和3年度に講じた不採算地区病院等に対する特別交付税措置の拡充を令和6年度においても継続する。

f　交通事業については、依然としてテレワークの普及等の影響を受け、新型コロナウイルス感染症による感染が拡大する前の令和元年度と比較して1割以上の減収が継続するなど構造的な課題を抱えることから、適切に経営改善に取り組む地方公共団体の資金繰りを円滑にし、経営改善を促進するため、新たに交通事業債（経営改善推進事業）を創設することとしている。

（イ）東日本大震災分

公営企業に係る復旧・復興事業については、一般会計から公営企業会計への繰出基準の特例を設け、一般会計から公営企業会計に対し所要の繰出しを行うこととし、当該繰出金に対しては、その全額を震災復興特別交付税により措置することとしており、地方財政計画において0.19億円を計上する。また、復旧・復興事業に係る地方債については、地方債計画において公営企業会計等分5億円を計上する。

イ　国民健康保険事業

国民健康保険事業については、厳しい財政状況に配意し、財政基盤の強化のための支援措置を次のとおり講じることとしている。

（ア）都道府県が、都道府県内の市町村の財政の状況その他の事情に応じた財政調整を行うため、国民健康保険法第72条の2に基づき、一般会計から当該都道府県国保に繰り入れられる都道府県繰入金（給付費等の9％分）については、その所要額（5,883億円）について地方交付税措置を講じる。

（イ）国保被保険者のうち低所得者に係る保険料負担の緩和を図る観点から、市町村（一部事務

組合等を除く。）が保険料軽減相当額に応じて、一般会計から国民健康保険特別会計への繰入れを行う際に、当該費用に対し、都道府県が一部（都道府県3/4、市町村1/4）を負担することとし、その所要額（4,278億円）について地方交付税措置を講じる。

（ウ）国保被保険者のうち未就学児に係る保険料負担の緩和を図る観点から、市町村（一部事務組合等を除く。）が保険料軽減相当額に応じて、一般会計から国民健康保険特別会計への繰入れを行う際に、当該費用に対し、国及び都道府県が一部（国1/2、都道府県1/4、市町村1/4）を負担することとし、地方負担（40億円）について地方交付税措置を講じる。

（エ）国保被保険者のうち子育て世代の負担軽減、次世代育成支援及び負担能力に応じた負担とする観点から、市町村（一部事務組合等を除く。）が産前産後期間の保険料免除相当額に応じて、一般会計から国民健康保険特別会計への繰入れを行う際に、当該費用に対し、国及び都道府県が一部（国1/2、都道府県1/4、市町村1/4）を負担することとし、地方負担（8億円）について地方交付税措置を講じる。

（オ）低所得者を多く抱える保険者を支援する観点から、市町村（一部事務組合等を除く。）が低所得者数に応じて、一般会計から国民健康保険特別会計への繰入れを行う際に、当該費用に対し、国及び都道府県が一部（国1/2、都道府県1/4、市町村1/4）を負担することとし、地方負担（1,314億円）について地方交付税措置を講じる。

（カ）高額医療費負担金（3,949億円）については、都道府県国保に対し、国及び都道府県が一部（国1/4、都道府県1/4、都道府県国保1/2）を負担することとし、地方負担（987億円）について地方交付税措置を講じる。

（キ）国保財政安定化支援事業については、国保財政の健全化に向けた市町村一般会計から国民健康保険特別会計への繰入れについて、所要の地方交付税措置（1,000億円）を講じる。

（ク）出産に直接要する費用や出産前後の健診費用等の出産に要すべき費用の経済的負担の軽減を図るための出産育児一時金については、引き続き市町村が一部（市町村2/3、市町村国保1/3）を負担することとし、地方負担（184億円）について地方交付税措置を講じる。

（ケ）国民生活の質の維持・向上を確保しつつ、医療費の適正化を図ることを目的として、40歳から74歳までの国保被保険者に対して糖尿病等の予防に着目した健診及び保健指導を行うため、特定健康診査・保健指導事業（393億円）に対して、国及び都道府県が一部（国1/3、都道府県1/3、都道府県国保1/3）を負担することとし、地方負担（131億円）について地方交付税措置を講じる。

ⓦ 後期高齢者医療事業

後期高齢者医療事業については、実施主体である後期高齢者医療広域連合の財政基盤の強化のための支援措置を次のとおり講じることとしている。

（ア）保険料軽減制度については、低所得者に対する配慮として、後期高齢者の被保険者の保険料負担の緩和（均等割2割・5割・7割軽減）を図るため、都道府県及び市町村（一部事務組合等を除く。）が負担（都道府県3/4、市町村1/4）することとし、その所要額（3,754億円）について地方交付税措置を講じる。

（イ）高額医療費負担金（4,854億円）については、後期高齢者医療広域連合の拠出金に対し、

国及び都道府県が一部（国1/4、都道府県1/4、後期高齢者医療広域連合1/2）を負担することとし、地方負担（1,214億円）について地方交付税措置を講じる。

（ウ）財政安定化基金については、保険料未納や給付増リスク等による後期高齢者医療広域連合の財政影響に対応するため、都道府県に基金を設置しその拠出金（216億円）に対して国及び都道府県が一部（国1/3、都道府県1/3、後期高齢者医療広域連合1/3）を負担することとし、地方負担（72億円）について地方交付税措置を講じる。

（エ）後期高齢者医療広域連合に対する市町村分担金、市町村（一部事務組合等を除く。）の事務経費及び都道府県の後期高齢者医療審査会関係経費等について所要の地方交付税措置を講じる。

（オ）出産育児一時金に係る費用を全世代で分かち合う観点から、その費用（公費負担部分を除く。）の一部について、後期高齢者が負担する仕組みを導入することとしており、後期高齢者医療の保険料改定のタイミングである令和6年4月から導入することとしている。

3

第3部
最近の地方財政をめぐる
諸課題への対応

1　こども・子育て政策の強化

　少子化は我が国が直面する最大の危機であり、若年人口が急激に減少する2030年代に入るまでに少子化トレンドを反転させ、人口減少に歯止めをかけなければ、持続的な経済成長の達成は困難となる。2030年（令和12年）までがラストチャンスであり、政府として次元の異なる少子化対策を進めることとしている。

　地方公共団体は、こども・子育てサービスの多くを提供する主体であり、現場において果たす役割が極めて大きいことから、こども・子育て政策の強化は国と地方が車の両輪となって取り組んでいく必要がある。

(1)　こども・子育て支援加速化プラン

　次元の異なる少子化対策の実現に向けた「こども未来戦略」（令和5年12月22日閣議決定）において、「こども・子育て支援加速化プラン」（以下「加速化プラン」という。）が掲げられ、その大宗を3年間（令和8年度まで）で実施することとされている。加速化プランの予算規模は、国・地方の事業費ベースで3.6兆円程度と見込まれており、その内訳は以下のとおりとされている。

　　ア　ライフステージを通じた子育てに係る経済的支援の強化や若い世代の所得向上に向けた取組
　　　1.7兆円程度
　　イ　全てのこども・子育て世帯を対象とする支援の拡充　1.3兆円程度
　　ウ　共働き・共育ての推進　0.6兆円程度
　令和6年度までにおける充実額は、国・地方の事業費ベースで累計1.3兆円程度（うち令和6年度1.0兆円程度）とされており、令和6年度の地方負担の増（2,251億円）について、その全額を地方財政計画の一般行政経費（補助）等に計上するとともに、新たに地方交付税措置を講じることとしている。

(2)　こども・子育て政策に係る地方単独事業（ソフト）の推進

　こども未来戦略に基づく取組に合わせて、地方公共団体において地域の実情に応じた現物給付事業を拡充することが見込まれることから、地方公共団体が、地域の実情に応じてきめ細かに独自のこども・子育て政策（ソフト）を実施できるよう、令和6年度の地方財政計画において、一般行政経費（単独）を1,000億円増額して計上している。

(3)　こども・子育て支援事業債の創設

　地方公共団体が、こども未来戦略に基づく取組に合わせて、こども・子育て支援機能強化に係る施設整備や子育て関連施設の環境改善（ハード）を速やかに実施できるよう、地方財政計画の投資的経費（単独）において、「こども・子育て支援事業費」を創設し、令和6年度は500億円を計上

している。

　対象事業は、公共施設及び公用施設におけるこども・子育て支援機能強化に係る施設整備並びに児童館、保育所などの児童福祉施設、障害児施設、幼稚園等の子育て関連施設の環境改善に係る地方単独事業としており、国庫補助事業に関連して実施される地方単独事業、社会福祉法人等が整備する施設に対する補助金についても対象としている。

　なお、事業期間については、加速化プランの実施が令和10年度までに完了することとされたことを踏まえ、令和10年度までとしている。

(4)　こども子育て費の創設

　普通交付税の算定に当たり、地方公共団体が実施するこども・子育て政策の全体像を示し、こども・子育て政策に係る基準財政需要額の算定をより的確なものとするため、道府県分・市町村分の基準財政需要額に、測定単位を「18歳以下人口」とする新たな算定費目「こども子育て費」を創設し、以下の財政需要を一括して算定することとしている。

　　ア　加速化プランに基づく地方公共団体の財政需要
　　イ　地方公共団体が、地域の実情に応じて独自に実施するこども・子育て政策（ソフト）に係る
　　　　財政需要
　　ウ　従来の「社会福祉費」、「（保健）衛生費」、「その他の教育費」等において算定しているこど
　　　　も・子育て政策に係る財政需要

　なお、人口に占める18歳以下人口の割合が小さい団体に配慮した補正措置を講じることとしている。

(5)　児童虐待防止対策体制の強化

　児童虐待防止対策体制の強化については、「新たな児童虐待防止対策体制総合強化プラン」（令和4年12月15日児童虐待防止対策に関する関係府省庁連絡会議決定）において、児童相談所における児童福祉司を令和6年度までの2年間で約1,060名増員し、令和6年度に全国で約6,850名配置すること、児童心理司を令和8年度までの4年間で約950名増員し、令和8年度に全国で約3,300名配置することが目標とされている。

　これを踏まえ、令和5年度に引き続き、令和6年度に児童福祉司を約530名、児童心理司を約240名それぞれ増員できるよう、地方財政計画に必要な職員数を計上するとともに、地方交付税措置を講じることとしている。

2 物価高への対応

　輸入物価の上昇に端を発する物価高の継続は、国民生活を圧迫し、日本経済の回復に伴う生活実感の改善を妨げている。こうした中、地方公共団体においては、物価高の影響を受けた生活者や事業者に対し、地域の実情に合わせて必要な支援を実施しており、国においても、そうした取組に補正予算の編成や予備費の使用により財政措置を講じてきた。また、地方公共団体の公共施設等における光熱費の高騰や委託料の増加、建設事業費の上昇を踏まえた対応も必要となっている。

(1) 予備費・補正予算等の対応

　原材料価格の上昇等による物価高が依然として続いている状況を踏まえ、令和5年3月22日の物価・賃金・生活総合対策本部において、年度内に2兆円強のコロナ・物価予備費を措置することとされた。これを踏まえ、同年3月28日に新型コロナウイルス感染症及び原油価格・物価高騰対策予備費（2.2兆円）の使用が閣議決定され、地方公共団体が、エネルギー・食料品価格等の物価高騰の影響を受けた生活者や事業者に対し、地域の実情に合わせて必要な支援をきめ細かに実施できるよう、「新型コロナウイルス感染症対応地方創生臨時交付金」の「電力・ガス・食料品等価格高騰重点支援地方交付金」に、「低所得世帯支援枠」（0.5兆円）が創設されるとともに、「推奨事業メニュー分」（0.7兆円）が増額される等の対応がとられた。

　また、令和5年11月2日に「デフレ完全脱却のための総合経済対策」が閣議決定され、令和5年度補正予算（第1号）において、「物価高騰対応重点支援地方創生臨時交付金」（低所得世帯支援枠1.1兆円、推奨事業メニュー分0.5兆円）が計上されるとともに、電気料金及び都市ガス料金の値引き原資の支援を行うための「電気・ガス価格激変緩和対策事業」（0.6兆円）、燃料油の小売価格急騰の抑制を図るための「燃料油価格激変緩和対策事業」（0.2兆円）等が計上された。

　さらに、同経済対策において、令和6年度税制改正による所得税・個人住民税の定額減税の実施と物価高騰対応重点支援地方創生臨時交付金による住民税非課税世帯への支援が盛り込まれるとともに、その実施に当たっては両支援の間にある者に対しても丁寧に対応することとされた。これを受け、令和5年12月22日、原油価格・物価高騰対策及び賃上げ促進環境整備対応予備費（1.1兆円）の使用が閣議決定され、物価高騰対応重点支援地方創生臨時交付金に「給付金・定額減税一体支援枠」（1.1兆円）を創設することとされた。

(2) 公共施設等に関する対応

　令和6年度の地方財政計画においては、学校、福祉施設、図書館、文化施設など地方公共団体の施設の光熱費の高騰や、ごみ収集、学校給食など地方公共団体のサービス・施設管理等の委託料の増加を踏まえ、一般行政経費（単独）に前年度同額の700億円を計上している。

　また、資材価格等の高騰による建設事業費の上昇を踏まえ、緊急防災・減災事業債の津波浸水想定区域からの庁舎移転事業と病院事業債の公立病院等に係る新設・建替等事業における建築単価の上限を引き上げることとし、いずれも令和5年度事業債から新単価を適用することとしている。

3 デジタル田園都市国家構想等の推進

「デジタル田園都市国家構想」の実現に向け、地域社会全体のデジタル変革を加速させ、活力ある地方を創るためには、デジタル技術を活用して地方の社会課題解決や魅力向上を図るとともに、地方公共団体のDX（デジタル・トランスフォーメーション）等を推進していく必要がある。

(1) デジタル田園都市国家構想の推進

「デジタル田園都市国家構想総合戦略」（令和4年12月23日閣議決定）においては、「全国どこでも誰もが便利で快適に暮らせる社会」を目指すデジタル田園都市国家構想の実現に向け、デジタルの力を活用して地方の社会課題解決に向けた取組を加速化・深化させるとともに、デジタル実装の前提となる取組を国が強力に推進することとされている。同戦略の2023改訂版（令和5年12月26日閣議決定）においては、「デジタル行財政改革中間とりまとめ」（令和5年12月20日デジタル行財政改革会議決定）なども踏まえつつ、規制改革をはじめとする政策と連携しながら、一体的な推進を図ることなどが盛り込まれた。

令和5年度補正予算（第1号）においては、「デジタル田園都市国家構想交付金」について735億円が計上されるとともに、令和6年度予算案においても1,000億円が計上された。同戦略の2023改訂版においては、同交付金を活用し、将来的に国や地方の統一的・標準的なデジタル基盤への横展開につながる見込みのある先行モデル的な実装を支援することとされている。

また、若者の地方移住に対する支援を強化するため、地方創生移住支援事業を拡充し、東京都内に本部を置く大学の学生が、地方の企業において実施される就職活動に参加するための交通費を支援するなど、大学卒業後に地方に移住する学生への支援を強化することとされている。

さらに、令和6年度の地方財政計画においては、地方公共団体が自主的・主体的に地方創生に取り組むための「地方創生推進費」（1兆円）と、地域が抱える課題のデジタル実装を通じた解決に取り組むための「地域デジタル社会推進費」（2,500億円）を内訳として、引き続き「デジタル田園都市国家構想事業費」（1兆2,500億円）を計上している。

(2) 地域DXの推進・マイナンバー制度の利活用の推進等

ア 自治体DXの推進

総務省では、国の取組と歩調を合わせた地方公共団体の取組を強力に推進するため、「自治体デジタル・トランスフォーメーション（DX）推進計画【第2.2版】」（令和5年12月22日。以下「自治体DX推進計画」という。）及び「自治体DX推進手順書【第2.2版】」（令和5年12月22日）を策定しており、引き続き、国の取組の進捗等を踏まえて見直しを行っていくこととしている。

自治体DX推進計画では、DXの取組を着実に実施するための前提となるDX推進体制の構築やデジタル人材の確保・育成について示した上で、①自治体フロントヤード改革の推進、②自治体の情報システムの標準化・共通化、③マイナンバーカードの普及促進・利用の推進、④セキュリティ

対策の徹底、⑤自治体のAI・RPAの利用推進、⑥テレワークの推進について、自治体が重点的に取り組むべき「重点取組事項」として定め、その具体的内容や国の主な支援策等を示している。

イ　自治体フロントヤード改革

　自治体フロントヤード改革については、マイナンバーカードやデジタルツールを活用し、対面非対面の対応を適切に組み合わせて住民との接点を多様化・充実化することや、データ対応の徹底等を通じて、住民の利便性向上と業務効率化による業務改革に繋げることを目指している。令和5年度補正予算（第1号）においては、総合的な改革モデルの構築やその横展開に向けた調査研究を実施することとしている。

ウ　地方公共団体の情報システムの標準化・共通化

　地方公共団体の情報システムの標準化・共通化については、「地方公共団体情報システムの標準化に関する法律」（令和3年法律第40号）に基づき、基幹業務システムを利用する全ての地方公共団体が、原則として、目標時期である令和7年度までに、同法第5条に基づく基本方針の下で所管省庁が作成する標準化基準に適合した標準準拠システムへ円滑かつ安全に移行することができるよう、その環境を整備することとし、その取組に当たっては、地方公共団体の意見を丁寧に聴いて進めることとされている。

　また、各地方公共団体がシステムの移行の際に必要となる準備経費や移行経費については、令和5年度補正予算（第1号）において、地方公共団体情報システム機構に設置されているデジタル基盤改革支援基金の積立てに要する経費として5,163億円を追加し、累計で6,988億円を計上しており、当該基金を活用し、国が補助を行うこととしている。

エ　地域社会DXの推進

　デジタル技術を活用し、全国各地域における地域課題解決を促進するため、令和5年度補正予算（第1号）において、地域のデジタル基盤の整備支援や高齢者等を対象としたデジタル活用支援等を実施することとしている。

　また、地方公共団体においては、AIの活用等の新たな取組も進められているところであり、「地域社会のデジタル化に係る参考事例集【第2.0版】」（令和4年9月2日）の改定・周知等を通じて、更なる横展開を図ることとしている。

オ　地域におけるDXの推進体制の構築等

　全国的にデジタル人材が不足する中、地域におけるDXの取組を全国津々浦々に広げていくため、令和5年度補正予算（第1号）において、都道府県と市町村等の連携によるDXの推進体制の構築・拡充を図る取組に対して、専門家を派遣して伴走支援を行うモデル事業を実施することとしている。

　また、市町村がCIO補佐官等として外部人材の任用等を行うための経費や地方公共団体におけるデジタル化の取組の中核を担う職員（DX推進リーダー）の育成に要する経費に対する特別交付税措置を拡充することとしている。

3

デジタル田園都市国家構想等の推進

カ　マイナンバー制度及びマイナンバーカードの利活用の推進

（ア）マイナンバー制度の意義

マイナンバー制度は、行政の効率化、国民の利便性の向上及び公平・公正な社会を実現するデジタル社会の基盤である。

今後、各地方公共団体において業務のICT化などを進め、質の高い行政サービスを効果的・効率的に提供する業務改革に取り組んでいくに当たっては、マイナンバー制度を積極的に利活用していくことが不可欠である。

（イ）マイナンバーを活用した情報連携の円滑な運用

「行政手続における特定の個人を識別するための番号の利用等に関する法律」（平成25年法律第27号）に基づきデジタル庁が設置・管理する情報提供ネットワークシステムを用いて、国の行政機関や地方公共団体がそれぞれ管理している同一個人の情報をオンラインで情報連携し、相互に活用することが可能である。これにより、令和5年12月時点で児童手当の申請など約2,500の事務手続で情報連携による添付書類の省略が可能となっており、今後も順次、対象事務が増えていくことが予定されている。

（ウ）マイナンバーカード（公的個人認証サービス等）の利活用の推進

安全・安心で利便性の高いデジタル社会の基盤であるマイナンバーカードについては、「デジタル社会の実現に向けた重点計画」（令和5年6月9日閣議決定。以下「重点計画」という。）等に基づき、令和6年12月2日から現行の健康保険証の発行を終了し、マイナンバーカードと健康保険証を一体化した、いわゆる「マイナ保険証」を基本とする仕組みへの移行に向け、カードの取得環境の整備と利便性の向上に取り組んでいる。

具体的には、高齢者などで暗証番号の設定に不安がある方が安心してカードを利用できるよう、暗証番号の設定が不要な「顔認証マイナンバーカード」を令和5年12月15日から導入したほか、福祉施設、希望する方の個人宅等を訪問する形での出張申請受付や、郵便局窓口を活用した交付申請受付を推進するとともに、新生児、紛失等による再交付、海外からの転入者など、速やかにカードを取得する必要がある場合を対象に、申請から1週間以内（最短5日）で交付できる特急発行・交付の仕組みの構築等に取り組んでいる。

今後、重点計画に基づき、運転免許証や在留カードとの一体化などの取組も進めていくこととされている。

（エ）マイナポータルの利用拡大

マイナポータルは、「マイナンバーカードをキーにした、わたしの暮らしと行政との入口」として、地方公共団体へのオンライン申請や、行政機関等が保有する本人情報の閲覧・取得、お知らせの通知などのサービスを提供している。

令和5年4月から、一部の市町村において、マイナポータルを通じたオンライン申請において、申請に伴う手数料などの支払いについてオンライン決済サービスを利用できるようになった。これにより、申請から決済までがオンラインで完結され、住民の手続負担の軽減や市町村事務の効率化を実現している。

(3) 地方創生の推進

⑦ 活力ある地方創り

地方は、人口減少や少子高齢化、働く場や交通への不安など、様々な課題に直面している。これらの課題を解決し、活力ある地方を創出するため、以下の施策をはじめとする様々な取組を推進している。

(ア) 地方への新たな人の流れの強化

a 地域おこし協力隊

地域づくりの重要な担い手となっている「地域おこし協力隊」については、令和4年度は全国1,116の地方公共団体で6,447人の隊員が活動しており、引き続き、現役隊員数を令和8年度までに1万人とする目標の達成に向けて取組を強化することとしている。

こうした中、令和6年度から、地域おこし協力隊員への報償費等について、会計年度任用職員に対する勤勉手当の支給開始に伴い上限を引き上げるとともに、専門性の高いスキルを持つ人材や豊富な社会経験を積んだ人材に対して、より弾力的に支給することができるよう、特別交付税措置を拡充することとしている。

また、JET青年（JETプログラムにより招へいした外国青年）等の外国人に対する地域おこし協力隊への関心喚起及びマッチング支援等に要する経費や、外国人の隊員へのサポートに要する経費について、新たに特別交付税措置を講じることとしている。

b 地域活性化起業人（企業派遣型/副業型）

大都市圏の企業の社員を即戦力として活用する「地域活性化起業人」については、企業人材の副業ニーズの増加を踏まえ、企業から社員を派遣する従来の方式（企業派遣型）に加え、地方公共団体と企業に所属する個人間の協定に基づく副業の方式（副業型）についても、令和6年度から新たに特別交付税措置を講じることとしている。

また、官民連携により、デジタル人材・インバウンド人材・GX人材などの地方への流れを創出するため、三大都市圏の企業に対し当該制度の活用を広く促すとともに、活用を検討中の企業の情報を希望する地方公共団体に提供するなど、マッチングの支援を行うこととしている。

c 地域プロジェクトマネージャー

地域活性化に向けたプロジェクトを実施する際に多様な関係者間の橋渡し役となる「地域プロジェクトマネージャー」については、令和5年度から、その報償費等に対する特別交付税措置を1団体当たり2名までに拡充しており、引き続き、制度の活用を推進していくこととしている。

d 関係人口の創出・拡大

「関係人口ポータルサイト」を通じ、関係人口が継続的かつより深く地域に関わるための参考事例とノウハウを提供するとともに、関係人口創出・拡大等の取組に対して引き続き地方交付税措置を講じることにより、全国各地での取組を推進することとしている。

e 若者の地方定着の促進

若年層等について地方とのつながりを築き、地方への新しい人の流れをつくるため、「奨

学金を活用した若者の地方定着の促進」及び「地方公共団体と地方大学の連携による雇用創出・若者定着の促進」に要する経費について特別交付税措置を講じており、引き続き、取組を推進することとしている。

（イ）地域の経済循環の創出・拡大等

a　ローカルスタートアップの推進

地域資源を活用し地域課題の解決に資する地域密着型事業の創業・新規事業について、引き続き「ローカル10,000プロジェクト」により支援するとともに、国庫補助事業の地方負担分に加え、地方単独事業についても令和6年度から新たに特別交付税措置を講じることとしている。

このほか、令和5年度に創設した「ローカルスタートアップ支援制度」により、事業の企画・準備・立ち上げ・フォローアップの各段階において要する経費について、引き続き特別交付税措置を講じることとしており、このうち、事業の立ち上げ段階における対象経費を令和6年度から拡充することとしている。

b　エネルギーの地産地消の推進

エネルギーの地産地消を進めるため、地域資源を活用した地域エネルギー事業を立ち上げるエネルギー供給事業導入計画（マスタープラン）の策定に要する経費について、引き続き国が補助を行うこととしている。

c　特定地域づくり事業の推進

「地域人口の急減に対処するための特定地域づくり事業の推進に関する法律」（令和元年法律第64号）に基づき都道府県の認定を受けた特定地域づくり事業協同組合の運営費等を支援する地方公共団体を対象に、国が補助を行うとともに、これに伴う地方負担等について、引き続き特別交付税措置を講じることとしている。令和6年2月末時点において、全国で72組合が認定を受けている。

（イ）地域におけるリスキリングの推進

地域に必要な人材確保（中小企業、農林水産、介護等）のため、デジタル・グリーン等成長分野に関するリスキリングの推進に資する経営者等の意識改革・理解促進、リスキリングの推進サポート等及び従業員の理解促進・リスキリング支援に要する経費について、引き続き特別交付税措置を講じることとしている。

また、地方公共団体と地方大学の連携による雇用創出・若者定着の促進に関する特別交付税措置においても、大学講師等による社会人等が対象のリスキリング講座の実施等に要する経費について、引き続き措置の対象とすることとしている。

（ウ）地域公共交通への対応

ローカル鉄道の再構築を図るため、「地域公共交通の活性化及び再生に関する法律等の一部を改正する法律」（令和5年法律第18号）が令和5年10月に施行され、地方公共団体又は鉄道事業者からの要請に基づき国土交通大臣が組織する「再構築協議会」の枠組みが創設された。当該協議会等における鉄道事業者と地域の合意に基づくローカル鉄道の再構築に取り組む地方公共団体への支援

として、「社会資本整備総合交付金」の「地域公共交通再構築事業」等を受けて実施する鉄道施設やバス施設等の整備事業に係る地方負担について、引き続き地方財政措置を講じることとしている。

エ 過疎対策の推進

　過疎地域は、国民の生活に豊かさと潤いを与え、国土の多様性を支える重要な役割を果たしている一方で、人口減少・少子高齢化等の厳しい社会経済情勢が長期にわたり継続し、地域社会を担う人材の確保、地域経済の活性化、交通機能や医療提供体制の確保、集落の維持等が喫緊の課題となっている。

　．令和5年4月1日現在では、「過疎地域の持続的発展の支援に関する特別措置法」（令和3年法律第19号）に基づき、人口要件及び財政力要件を満たす885市町村が「過疎地域」とされ、過疎対策事業債や国庫補助率の嵩上げ等の特例措置が講じられている。

　令和6年度においては、過疎対策事業債について、資材価格等の高騰による建設事業費の上昇等を踏まえ、過疎地域の持続的発展に関する施策に取り組んでいけるよう、地方債計画に対前年度300億円増の5,700億円を計上するとともに、過疎地域における人材の育成や、ICT等技術を活用した取組等を支援する「過疎地域持続的発展支援交付金」について、前年度同額の8.0億円を予算計上している。

4　地域の脱炭素化の推進

「地球温暖化対策計画」（令和3年10月22日閣議決定）において、2050年カーボンニュートラルの実現を目指すとともに、我が国の中期目標として、2030年度において温室効果ガスを2013年度から46％削減することを目指すこととされたことを踏まえ、地域の脱炭素化を推進していく必要がある。

(1)　公共施設等の脱炭素化の推進

「GX実現に向けた基本方針」（令和5年2月10日閣議決定）において、地域脱炭素の基盤となる重点対策（再生可能エネルギーや電動車の導入等）を率先して実施することとされるなど、地方公共団体の役割が拡大したことを踏まえ、公共施設等の脱炭素化の取組を計画的に実施できるよう、令和5年度の地方財政計画において、新たに「脱炭素化推進事業費」を1,000億円計上し、脱炭素化推進事業債を創設した。対象事業は、公共施設及び公用施設における再生可能エネルギーの導入、ZEB（一定の省エネルギーを図った上で、再生可能エネルギー等の導入により、エネルギー消費量を更に削減した建築物）化、省エネルギー改修の実施及びLED照明の導入並びに電動車等の導入（EV、FCV、PHEV）としている。

令和6年度には、再生可能エネルギーの地産地消を一層推進するため、新たに地方財政法第5条第5号に規定する法人及び公営企業が行う地域内消費を主目的とする再生可能エネルギーの導入に対する補助を対象事業に追加した上で、地方財政計画に前年度同額の1,000億円を計上している。

また、過疎地域における取組を推進するため、過疎対策事業債において、再生可能エネルギー設備の整備及び公共施設等のZEB化を「脱炭素化推進特別分」として位置付け、他の事業に優先して同意等を行うこととしている。

さらに、後述する「経営・財務マネジメント強化事業」において、新たに地方公共団体のGXの取組を支援するための専門アドバイザーを派遣することとしている。

このほか、地方公共団体による地域の脱炭素化に向けた取組の支援については、「地域脱炭素推進交付金」が令和5年度補正予算（第1号）及び令和6年度予算案を合わせて560億円計上されるなど、関係省庁において必要な予算が計上されている。

(2)　SDGs地方債の発行の推進

カーボンニュートラルの達成や地球温暖化対策、持続可能な社会の実現といった世界的な課題への対応が急務となる中、地方公共団体においてSDGs地方債[1]の発行が拡大してきている。SDGs地方債には通常の地方債と比べて旺盛な需要が観測され、対国債スプレッドが通常の地方債よりも小さくなる条件での発行も行われており、安定的な資金調達の観点からも、発行が重要となっている。

---

[1]　ここではICMA（国際資本市場協会）により定められた原則等に準拠して発行された地方債（グリーンボンド、ソーシャルボンド、サステナビリティボンド等）を指している。

　このような状況を踏まえ、令和5年度から、脱炭素化事業や気候変動への適応事業等に資金使途を限定した債券であるグリーンボンドを、共同発行方式で発行している。令和5年度は、42団体が参加し、1,000億円程度を発行することとしており、令和6年度においては、これを上回る発行を予定している。共同発行方式とすることにより、単独では発行ロットを確保できない団体もグリーンボンドを発行することが可能となり、また、発行に当たっての事務負担や、外部評価の取得費用等の軽減も期待することができる。こうした取組により、SDGs地方債の更なる発行拡大が期待されている。

4

地域の脱炭素化の推進

5 防災・減災、国土強靱化及び公共施設等の適正管理の推進

　令和6年1月1日に最大震度7を観測した令和6年能登半島地震では、甚大な被害が発生した。近年、気候変動の影響により気象災害は激甚化・頻発化し、南海トラフ地震などの大規模地震の発生も切迫している。引き続き、国民の生命・財産を守るため、地方公共団体が国と連携しつつ、防災・減災、国土強靱化対策に取り組む必要がある。

　また、高度経済成長期に大量に建設された公共施設等が一斉に更新時期を迎える中、各地方公共団体においては、人口減少や少子高齢化等による公共施設等の利用需要の変化や地方財政の厳しい状況等を踏まえ、公共施設等の適正管理に向けた取組を着実に推進する必要がある。

(1) 防災・減災、国土強靱化の推進

　「防災・減災、国土強靱化のための5か年加速化対策」（令和2年12月11日閣議決定。以下「5か年加速化対策」という。）に基づく直轄事業及び補助事業について、当初予算に計上される場合には、その地方負担を防災・減災・国土強靱化緊急対策事業債により措置することとし、補正予算に計上される場合には、その地方負担を補正予算債により措置することとしている。5か年加速化対策の4年目である令和6年度分については、令和5年度補正予算（第1号）（国費1兆5,188億円）を活用することとされており、その地方負担については、補正予算債等により措置することとしている。

　地方公共団体が、喫緊の課題である防災・減災対策のための施設整備等に取り組んでいけるよう、「緊急防災・減災事業費」について、消防の広域化又は連携・協力を行おうとする消防本部（過去において広域化又は連携・協力を行った消防本部を含む。）における消防指令システムの標準化に併せた高機能消防指令センターの整備等を対象事業に追加した上で、令和6年度の地方財政計画に前年度同額の5,000億円を計上している。

　また、地方公共団体が、5か年加速化対策と連携しつつ、地方単独事業として緊急に自然災害を防止するための社会基盤の整備に取り組んでいけるよう、「緊急自然災害防止対策事業費」について、令和6年度の地方財政計画に前年度同額の4,000億円を計上している。

　さらに、地方公共団体が、地方単独事業として緊急に河川等の浚渫を実施できるよう、「緊急浚渫推進事業費」について、令和6年度の地方財政計画に前年度同額の1,100億円を計上している。

　このほか、「市町村の消防の広域化に関する基本方針」（平成18年7月12日消防庁告示第33号）に新たに位置付けられる予定である地域の核となり広域化の検討を主導する「中心消防本部（仮称）」が行う広域化の準備に必要な経費や連携・協力実施計画に基づき設置する共同部隊が使用する装備等について、令和6年度から特別交付税措置を拡充することとしている。

(2)　公共施設等の適正管理の推進

　公共施設等の適正管理については、公共施設等の老朽化や人口減少等の進行を踏まえ、長期的な視点をもって、更新・統廃合・長寿命化などを計画的に実施し、財政負担の軽減・平準化を図りつつ、公共施設等の最適な配置を実現することが必要であり、各地方公共団体において、公共施設等の総合的かつ計画的な管理に関する計画（以下「総合管理計画」という。）を策定している。

　そのような中、総合管理計画の策定から一定の期間が経過していることも踏まえ、地方公共団体に対して、個別施設ごとの長寿命化計画（個別施設計画）の内容を反映しつつ、中長期のインフラ維持管理・更新費の見通しや適正管理に取り組むことによる効果額を盛り込んだ見直しを令和5年度末までに行うよう要請してきた。その見直しに当たっては、後述する経営・財務マネジメント強化事業等により、市町村における総合管理計画の見直しのための専門家の招へいや業務委託等を支援している。

　その結果、令和5年9月末時点で88.2％の団体が見直しを実施済みとなるとともに、令和5年度末までにほぼ全ての団体で見直しが完了する予定となっている。今後も、人口減少等を踏まえた不断の見直しを行い、更なる内容充実を図ることが重要である。

　また、地方公共団体が、公共施設等の集約化・複合化、長寿命化、転用、立地適正化などの適正管理に積極的に取り組んでいけるよう、「公共施設等適正管理推進事業費」について、令和6年度の地方財政計画に前年度同額の4,800億円を計上している。

5
防災・減災、国土強靱化及び公共施設等の適正管理の推進

6 社会保障の充実

　少子高齢化など人口構成の変化が一層進んでいく中、年金、医療、介護などの社会保障を持続可能なものとするためには、社会保障制度を見直し、給付・負担両面で、人口構成の変化に対応した世代間・世代内の公平が確保された制度へと改革していくことが必要である。

　また、社会保障分野のサービス・給付の多くが地方公共団体を通じて国民に提供されていることから、国と地方が一体となって安定的に実施していくことが重要であり、社会保障制度改革は国・地方が協力して推進していく必要がある。

(1) 社会保障の充実と人づくり革命

　社会保障と税の一体改革は、社会保障の充実・安定化に向け、安定財源確保と財政健全化の同時達成を目指すものである。

　消費税率の引上げ分は、「社会保障の充実」、「人づくり革命」等として、全額社会保障の財源に使われることとされている。

　社会保障の充実については、消費税率5%から10%への引上げによる増収分の一部及び重点化・効率化による財政効果を活用して、子ども・子育て支援、医療・介護、年金の各分野で実施することとされた。

　令和6年度における「社会保障の充実」の施策に係る所要額は、第77図のとおりである。

第77図　令和6年度における「社会保障の充実」（概要）

（単位：億円）

事　項	事　業　内　容	令和6年度予算案	(参考)令和5年度予算額
子ども・子育て支援	子ども・子育て支援新制度の着実な実施・社会的養育の充実 (注3)	前年同額	7,000
	育児休業中の経済的支援の強化 (注4)	979	17
医療・介護 / 医療・介護サービスの提供体制改革	病床の機能分化・連携、在宅医療の推進等 ・地域医療介護総合確保基金（医療分） ・診療報酬改定における消費税増収分等の活用分 　うち 令和6年度における看護職員、リハビリ専門職などの医療関係職種の賃上げの一部 ・医療情報化支援基金	前年同額 1,498 [350] 172	1,029 1,148 [－] 289
	地域包括ケアシステムの構築 ・平成27年度介護報酬改定における消費税増収分等の活用分（介護職員の処遇改善等） ・在宅医療・介護連携、認知症施策の推進など地域支援事業の充実 ・地域医療介護総合確保基金（介護分） ・令和4年度における介護職員の処遇改善 ・令和6年度における介護職員の処遇改善	前年同額 414 524 前年同額 517	1,196 534 734 752 －
医療・介護保険制度の改革	国民健康保険等の低所得者保険料軽減措置の拡充・子どもに係る国民健康保険料等の均等割額の減額措置	前年同額	693
	被用者保険の拠出金等に対する支援	900	700
	70歳未満の高額療養費制度の改正	前年同額	248
	介護保険の第1号保険料の低所得者軽減強化	1,190	1,572
	介護保険保険者努力支援交付金	前年同額	200
	国民健康保険への財政支援の拡充 （低所得者数に応じた財政支援、保険者努力支援制度等）	3,816	3,736
	国民健康保険の産前産後保険料の免除	15	4
	こども医療費助成に係る国民健康保険の減額調整措置の廃止	47	－
難病・小児慢性特定疾病への対応	難病・小児慢性特定疾病に係る公平かつ安定的な制度の運用 等	前年同額	2,089
年金	年金受給資格期間の25年から10年への短縮	前年同額	644
	年金生活者支援給付金の支給	3,958	5,220
	遺族基礎年金の父子家庭への対象拡大	106	91
合　計		27,987	27,972

（注1）金額は公費（国及び地方の合計額）。計数は、四捨五入の関係により、端数において合計と合致しないものがある。
（注2）消費税増収分（2.4兆円）と「持続可能な社会保障制度の確立を図るための改革の推進に関する法律」（平成25年法律第112号）等に基づく重点化・効率化による財政効果（▲0.4兆円）を活用し、上記の社会保障の充実（2.8兆円）の財源を確保。
（注3）「子ども・子育て支援新制度の着実な実施・社会的養育の充実」の国費分については全額こども家庭庁に計上。
（注4）「育児休業中の経済的支援の強化」の国費分については他省庁分を含む。

　また、「新しい経済政策パッケージ」（平成29年12月8日閣議決定）における「人づくり革命」については、待機児童の解消・保育士の処遇改善、幼児教育・保育の無償化、高等教育の無償化、介護人材の処遇改善等の施策を推進するための安定財源として、消費税率8%から10%への引上げによる増収分の一部を活用することとされた。

　令和6年度におけるこれらの施策に係る所要額は、第78図のとおりである。

第78図　令和6年度における「新しい政策パッケージ」（概要）

新しい経済政策パッケージについて（平成29年12月8日閣議決定）（抜粋）

　社会保障の充実と財政健全化のバランスを取りつつ、安定財源として、2019年10月に予定される消費税率10%への引上げによる財源を活用する。消費税率の2%の引上げにより5兆円強の税収となるが、この増収分を教育負担の軽減・子育て層支援・介護人材の確保等と、財政再建とに、それぞれ概ね半分ずつ充当する。前者について、新たに生まれる1.7兆円程度を、本経済政策パッケージの幼児教育の無償化、「子育て安心プラン」の前倒しによる待機児童の解消、保育士の処遇改善、高等教育の無償化、介護人材の処遇改善に充てる。これらの政策は、2019年10月に予定されている消費税率10%への引上げを前提として、実行することとする。

（単位：億円）

事　項	事　業　内　容	令和6年度予算案	（参考）令和5年度予算額
待機児童の解消	・「子育て安心プラン」を前倒しし、2020年度末までに32万人分の受け皿を整備。 ・保育士の確保や他産業との賃金格差を踏まえた処遇改善に更に取り組む（2019年4月から更に1%（月3,000円相当）の賃金引上げ）。（注3）		722
幼児教育・保育の無償化	・3歳から5歳までの全ての子供たち及び0歳～2歳までの住民税非課税世帯の子供たちの幼稚園、保育所、認定こども園等の費用を無償化（2019年10月～）。（注3）	前年同額	8,858
介護人材の処遇改善	・リーダー級の介護職員について他産業と遜色ない賃金水準を目指し、経験・技能のある介護職員に重点化を図りつつ、介護職員の更なる処遇改善を実施。この趣旨を損なわない程度で、介護職以外の職員の処遇改善も実施（2019年10月～）。		1,003
高等教育の無償化	・少子化に対処するため、低所得世帯であっても社会で自立し活躍できる人材を育成する大学等において修学できるよう、高等教育の修学支援（授業料等減免・給付型奨学金）を着実に実施（2020年4月～）。（注3）	5,908	5,764
合　計		16,491	16,347

（注1）金額は公費（国及び地方の合計額）。計数は、四捨五入の関係により、端数において合計と合致しないものがある。
（注2）「子育て安心プラン」の実現に必要な企業主導型保育事業（幼児教育・保育の無償化の実施後は、3歳から5歳までの子供たち及び0歳から2歳までの住民税非課税世帯の子供たちの企業主導型保育事業の利用者負担を助成する事業を含む。）や保育所等の運営費（0歳から2歳までの子供に相当する部分）には、別途、事業主が拠出する子ども・子育て拠出金を充てる。
（注3）「待機児童の解消」、「幼児教育・保育の無償化」及び「高等教育の無償化」の国費分については全額こども家庭庁に計上。

---

(2)　全世代対応型の持続可能な社会保障制度の構築

　全世代対応型の持続可能な社会保障制度の構築については、「全世代型社会保障構築を目指す改革の道筋（改革工程）」（令和5年12月22日閣議決定）において、時間軸を考慮した具体的な改革工程が整理されており、その内容は第79図のとおりである。

6

社会保障の充実

| 第79図 | 「全世代型社会保障構築を目指す改革の道筋（改革工程）」（概要） |

	2024年度に実施する取組	2028年度までに検討する取組	2040年頃を見据えた中長期的取組
働き方に中立的な社会保障制度の構築	（労働市場や雇用の在り方の見直し） ・ 同一労働同一賃金ガイドライン等の必要な見直しの検討 ・ 非正規雇用労働者の待遇改善に係る取組状況に関する企業の取組の促進 ・ 三位一体の労働市場改革の推進	（勤労者皆保険の実現に向けた取組） ・ 短時間労働者への被用者保険の適用に関する企業規模要件の撤廃 ・ 常時5人以上を使用する個人事業所の非適用業種の解消 ・ 年収の壁に対する取組　　　　等	・ フリーランス・ギグワーカーの社会保険の適用の在り方も含めた勤労者皆保険の構築など、働き方に中立的な社会保険制度の在り方の検討
医療・介護制度等の改革	・ 介護の生産性・質の向上 （ロボット,ICT活用,経営の協働化・大規模化の推進、介護施設の人員配置基準の柔軟化） ・ 介護保険制度改革（第1号保険料負担の在り方の見直し） ・ イノベーションの適切な評価、長期収載品の保険給付の在り方の見直し ・ 診療報酬改定、介護報酬改定、障害福祉サービス等報酬改定の実施　　　　等	（生産性向上、効率的サービス、質向上） ・ 医療DXによる効率化・質の向上 ・ 生成AI等を用いた医療データの利活用の促進 ・ 医療提供体制改革の推進 ・ 効率的で質の高いサービス提供体制の構築 ・ 介護保険制度改革（ケアマネに関する給付の在り方 等） （能力に応じた全世代の支え合い） ・ 医療・介護保険における金融所得の勘案 ・ 医療・介護の3割負担（現役並み所得）の適切な判断基準設定 ・ 介護保険制度改革（利用者負担の範囲、多床室の室料負担） （高齢者の活躍促進や健康寿命の延伸等） ・ 高齢者の活躍促進、疾病予防等の取組の推進 等	・ 科学的知見に基づき、標準的な支援の整理を含め、個人ごとに最適化された質の高い医療・介護・障害福祉サービスの提供に向けた検討 ・ ロボット・ICTやAI等の積極的な活用等を通じた、提供体制も含めた効率的、効果的なサービス提供の在り方の検討 ・ 健康寿命延伸による活力ある社会の実現に向けた検討　　　　等
地域共生社会の実現	・ 重層的支援体制整備事業の更なる推進 ・ 社会保障教育の一層の推進 ・ 住まい支援の強化に向けた制度改正　　　　等	・ 孤独・孤立対策の推進 ・ 身寄りのない高齢者等への支援　　　　等	・ 住まい支援にとどまらず、人と人、人と社会がつながり、一人ひとりが生きがいや役割を持ち、助け合いながら暮らせる包括的な社会の実現に向けた検討

　このうち、「2028年度までに検討する取組」については、加速化プランの実施が完了する令和10年度までの各年度の予算編成過程において、実施すべき施策の検討・決定を行い、全世代が安心できる制度を構築し、次の世代に引き継ぐための取組を着実に進める必要があるとされている。

7 財政マネジメントの強化

　地方公共団体や公営企業が、中長期的な見通しに基づく持続可能な財政運営・経営を行うために
は、自らの財政・経営状況、ストック情報等を的確に把握することが重要であり、地方公会計の推
進、地方財政の「見える化」や公営企業の経営改革等に取り組む必要がある。

(1) 地方公会計の整備・活用及び地方財政の「見える化」の推進

㋐ 地方公会計の整備・活用の推進

　地方公会計は、現金主義会計による予算・決算制度を補完するものとして、発生主義・複式簿記
といった企業会計的手法を活用することにより、現金主義会計では見えにくいコスト情報（減価償
却費等）やストック情報（資産等）を把握することを可能とするものである。令和4年度末時点に
おいて、令和3年度末時点の状況を反映した固定資産台帳については都道府県及び市町村の
95.5％に当たる1,707団体が整備済みとなり、令和3年度決算に係る財務書類（貸借対照表、行
政コスト計算書、純資産変動計算書及び資金収支計算書の財務書類4表をいう。以下同じ。）につ
いては都道府県及び市町村の93.7％に当たる1,676団体が作成済みとなっている。

　これらの情報を資産管理や予算編成等に積極的に活用していくことが重要であり、全ての地方公
共団体において、決算年度の翌年度末までに固定資産台帳及び財務書類の作成・更新を行うことが
求められる。

　総務省においては、地方公共団体に対し、後述する経営・財務マネジメント強化事業により、財
務書類等の作成・更新を支援しているほか、財務書類等の活用事例の周知を行っている。また、各
地方公共団体が作成した財務書類に関する情報を集約し、統一的な様式に基づく比較可能な形で公
表しているところであり、令和3年度決算については、令和5年9月に公表した。

㋑ 地方財政の「見える化」の推進

　地方財政の「見える化」については、「地方財政白書」、「決算状況調」、「財政状況資料集」等に
より積極的な情報開示を行ってきた。

　財政状況資料集においては、各地方公共団体の性質別・目的別の住民一人当たりのコストや、施
設類型別の有形固定資産減価償却率[*2]などのストックに関する情報について比較可能な形で公表
するとともに、基金の使途・増減理由・今後の方針等について公表している。

　地方公共団体においては、住民等に対する説明責任をより適切に果たし、住民サービスの向上や
財政マネジメントの強化を図る観点から、住民等へのより分かりやすい財政情報の開示に取り組む
とともに、公表内容の充実を図っていくことが求められる。

　こうした中、地域の実情や住民のニーズを踏まえて実施されている地方単独事業（ソフト）につ
いても、決算情報の「見える化」を進めており、令和4年度決算額に関する調査（令和5年度に実

＊2　保有する償却資産の取得価額等に対する減価償却累計額の比率であり、耐用年数に対して、資産の取得か
　　らどの程度経過しているのかを表す指標

施）から全ての歳出区分を回答対象とする全数調査を実施している。

(2) 公営企業の経営改革

公営企業は、料金収入をもって経営を行う独立採算制を基本原則としながら、住民生活に身近な社会資本を整備し、必要なサービスを提供する役割を果たしている。今後の本格的な人口減少等に伴うサービス需要の減少や施設の老朽化に伴う更新需要の増大など、公営企業を取り巻く経営環境が厳しさを増す中にあって、各公営企業が将来にわたってこうした役割を果たしていくためには、経営戦略の策定・改定や抜本的な改革等の取組を通じ、経営基盤の強化と財政マネジメントの向上を図るとともに、公営企業会計の適用拡大や経営比較分析表[*3]の活用による「見える化」を推進することが求められる。

⑦ 公営企業の更なる経営改革の推進

（ア）経営戦略の改定の推進

経営戦略については、令和4年度末までに96.8%の事業が策定を完了しており、未策定の事業においては、速やかな策定が求められる。

今後は、策定済みの経営戦略について、取組の進捗と成果を一定期間ごとに評価・検証した上で、今後の人口減少等を加味した料金収入の反映やストックマネジメント等の取組の充実により、中長期の収支見通し等の精緻化を図るとともに、料金改定や抜本的な改革を含め、収支均衡を図る具体的な取組の検討を行い、令和7年度までの経営戦略の改定に反映することが求められる。

（イ）抜本的な改革の検討の推進

各公営企業が不断の経営健全化等に取り組むに当たっては、事業ごとの特性に応じて、民営化・民間譲渡、広域化等及び民間活用といった抜本的な改革等に取り組むことが求められる。令和4年度においては、**第46表**のとおり、広域化等83件、包括的民間委託46件などの取組が実施されている。総務省においては、取組の検討に資するよう「公営企業の持続可能な経営の確保に向けた先進・優良事例集」（令和5年3月28日）を作成・公表している。

第46表 公営企業の抜本的な改革の取組状況（令和5年3月31日時点）

事業廃止	民営化・民間譲渡	公営企業型地方独立行政法人	広域化等	指定管理者制度	包括的民間委託	PPP/PFI
103件	14件	3件	83件	4件	46件	17件

合計
270件

（注）1 広域化等とは、事業統合をはじめ施設の共同化・管理の共同化などの広域的な連携、下水道事業における最適化などを含む概念。
事業統合を行った場合は、統合される事業は事業廃止、統合する事業は広域化等として計上している。
2 民営化・民間譲渡等、他の事業に統合せずに事業廃止となる場合は、1つの取組をそれぞれの類型に計上している。

---

*3 各公営企業の経営及び施設の状況を主要な経営指標やその経年の推移、類似団体との比較により表し、分析を行ったもの

（ウ）公営企業会計の適用拡大等による「見える化」の推進

　公営企業会計適用の取組状況は**第47表**のとおりであり、これまで重点事業として推進してきた下水道事業及び簡易水道事業について、概ね適用が完了している。これを踏まえ、「公営企業会計の適用の更なる推進について」（令和6年1月22日付け総務省自治財政局長通知）において、適用が完了していない下水道事業及び簡易水道事業に対し、早急な適用を求めるとともに、その他の事業についても、できる限り適用することを要請している。

第47表	公営企業会計適用の取組状況（令和5年4月1日時点）

○ロードマップに基づき令和元年度までに公営企業会計の適用を要請してきた事業

（単位　事業）

	人口3万人以上			
	簡易水道事業		公共下水道事業及び流域下水道事業	
	令和4年4月1日時点	令和5年4月1日時点	令和4年4月1日時点	令和5年4月1日時点
①適用済及び適用に取組中	121（100%）	117（100%）	1,155（100%）	1,155（100%）
②検討中	0（0.0%）	0（0.0%）	0（0.0%）	0（0.0%）
③検討未着手	0（0.0%）	0（0.0%）	0（0.0%）	0（0.0%）
合計	121（100%）	117（100%）	1,155（100%）	1,155（100%）

○新ロードマップに基づき令和5年度までに公営企業会計の適用を要請している事業

（単位　事業）

	人口3万人未満				人口3万人以上	
	簡易水道事業		下水道事業		その他下水道事業	
	令和4年4月1日時点	令和5年4月1日時点	令和4年4月1日時点	令和5年4月1日時点	令和4年4月1日時点	令和5年4月1日時点
①適用済及び適用に取組中	405（94.0%）	418（97.9%）	1,582（97.7%）	1,600（99.1%）	688（93.0%）	711（96.9%）
②検討中	24（5.6%）	7（1.6%）	34（2.1%）	10（0.6%）	47（6.4%）	19（2.6%）
③検討未着手	2（0.5%）	2（0.5%）	3（0.2%）	4（0.2%）	5（0.7%）	4（0.5%）
合計	431（100%）	427（100%）	1,619（100%）	1,614（100%）	740（100%）	734（100%）

（注）1　その他下水道事業は、農業集落排水施設事業、漁業集落排水施設事業、林業集落排水施設事業、簡易排水施設事業、小規模集合排水処理施設事業、特定地域生活排水処理施設事業及び個別排水処理施設事業をいう。
　　　2　構成比は小数点以下第2位を四捨五入しているため、値の合計が一致しない場合がある。

　このほか、各公営企業において、経営比較分析表の作成・公表を行い、引き続き経営状況の「見える化」を推進することとしている。

イ　水道・下水道事業における広域化等の推進

　水道・下水道事業の広域化等については、令和5年度末までに全ての都道府県において計画が策定される見込みであり、今後は、都道府県のリーダーシップの下、計画を着実に実施することにより、中長期の経営見通しに基づく経営基盤の強化を進めることが重要である。このため、引き続き広域化等に伴う施設の整備費等に対する地方財政措置を講じることとしている。

　また、水道管路の計画的な耐震化を推進するため、水道管路耐震化事業に要する経費に対する地方財政措置について、対象範囲を見直した上で、令和10年度まで5年間延長することとしている。

　さらに、公営企業会計の適用の進捗を踏まえ、各公営企業の経営安定化に向けて、公債費負担を適正な水準の料金収入等で賄える程度に平準化できるよう、令和6年度から資本費平準化債の発行可能額の算定において、過去に発行した資本費平準化債の元金償還金を新たに算定対象に加えるこ

ととしている。

ウ　公営交通事業の経営改善の推進

　公営交通事業においては、長期的な人口構造の変化に加え、テレワークの普及等の影響を受け、新型コロナウイルス感染症による感染が拡大する前の令和元年度と比較して1割以上の減収が継続するなど構造的な課題を抱えており、早急に経営改善に努める必要がある。

　このため、「公営交通事業の経営に当たっての留意事項について」（令和6年1月22日付け総務省自治財政局公営企業経営室長通知）において、経営戦略の改定や経営改善に取り組むよう要請するとともに、改定した経営戦略等に基づき策定する計画により、適切に経営改善に取り組む団体の資金繰りを円滑にし、経営改善を促進するため、令和6年度から交通事業債（経営改善推進事業）を創設することとしている。

エ　公立病院経営強化の推進

　公立病院は、地域における基幹的な公的医療機関として、へき地医療、救急・小児・周産期・災害・精神などの不採算医療や高度・先進医療を提供する重要な役割を担っているが、医師不足や人口減少等により、厳しい状況が続いている。さらに、新たな感染症の発生・まん延時への備えや医師の時間外労働規制への対応も必要となっている。

　このため、「持続可能な地域医療提供体制を確保するための公立病院経営強化ガイドライン」（令和4年3月29日付け総務省自治財政局長通知）を踏まえ、令和5年度までに新たに策定した「公立病院経営強化プラン」に基づき、経営強化の取組を推進するよう要請するとともに、その取組を支援するため、公立病院の機能分化・連携強化に伴う施設・設備の整備費や医師派遣等に要する経費について地方財政措置を講じている。令和6年度においては、機能分化・連携強化に伴い必要となる基幹病院以外の医療施設の建替えに要する経費（病床機能転換に必要な部分に限る。）を病院事業債（特別分）の対象に追加するとともに、不採算地区病院等については、厳しい経営が続いていることや医師の時間外労働規制への対応が経営に与える影響等を踏まえ、特別交付税措置の基準額引上げを継続することとしている。

(3)　DX・GX等の新たな課題に対応した経営・財務マネジメントの強化

　地方公共団体の経営・財務マネジメントを強化し、財政運営の質の向上を図るために、地方公共団体の状況や要請に応じて継続的にアドバイザーを派遣する経営・財務マネジメント強化事業（地方公共団体金融機構との共同事業）については、令和6年度も引き続き実施し、これまでの支援分野に加え、新たに「地方公共団体のGX」についてアドバイザーを派遣することとしている。

8　地方行政をめぐる動向と地方分権改革の推進

(1)　第33次地方制度調査会について

　令和4年1月に発足した第33次地方制度調査会は、約2年に及ぶ調査審議を経て、令和5年12月21日に「ポストコロナの経済社会に対応する地方制度のあり方に関する答申」（以下「令和5年答申」という。）を内閣総理大臣に提出した。令和5年答申は、ポストコロナの経済社会に的確に対応する観点から、①デジタル・トランスフォーメーションの進展を踏まえた対応、②地方公共団体相互間の連携・協力及び公共私の連携、③大規模な災害、感染症のまん延等の国民の安全に重大な影響を及ぼす事態への対応について提言したものであり、これを踏まえた「地方自治法の一部を改正する法律案」を第213回通常国会に提出する予定である。

(2)　地方公共団体相互間の連携・協力

　地方圏において少子高齢化・人口減少の局面に的確に対応していくための連携の枠組みである「連携中枢都市圏」や「定住自立圏」の形成については相当程度進捗した段階にあり、広域的な産業政策、観光振興、災害対策など、比較的連携しやすい取組から実績が積み上げられている。

　さらに、令和5年答申を踏まえ、地方公共団体の経営資源が制約される中で、持続可能な形で行政サービスを提供し住民の暮らしを支えていくため、地方公共団体が、地域や組織の枠を越えて資源を融通し合い、他の地方公共団体や地域の多様な主体と連携・協働していく取組を深化する必要がある。

　特に、市町村の自主的な連携による専門人材の確保等の取組が重要であり、その上でニーズに応じた都道府県等による調整・支援を促進する必要がある。

　専門人材の確保については、小規模市町村を中心として、専門性を有する人材の配置が困難な状況がみられることから、技術職員やデジタル人材の確保に対する地方交付税措置に加え、都道府県等が、市町村と連携協約を締結した上で、保健師、保育士、税務職員など、当該市町村が必要とする専門性を有する人材を確保し派遣する場合の募集経費及び人件費について、令和6年度から新たに特別交付税措置を講じることとしている。

(3)　地方公務員行政に係る取組

㋐　会計年度任用職員制度

　令和2年度に導入された会計年度任用職員制度に係る任用や給与決定などの施行状況については、任用根拠の明確化や勤務条件の改善など、概ね、制度の趣旨に沿った運用が図られているが、一部にまだ対応が十分でない地方公共団体もあり、こうした団体においては、適正化を図る必要がある。

　会計年度任用職員への勤勉手当の支給については、制度導入時には、国の非常勤職員に勤勉手当

の支給が広まっていなかったこと等を踏まえ、検討課題とされていたが、「地方自治法の一部を改正する法律」（令和5年法律第19号）により、令和6年度から支給が可能とされた。これを受け、令和6年度の地方財政計画においては、会計年度任用職員への勤勉手当の支給に要する経費として、1,810億円を計上している。

イ　地方公共団体の人材育成・確保

　地方公共団体において、少子高齢化、デジタル社会の進展等により複雑・多様化する行政課題に対応する上で、人材育成・確保の重要性が高まっており、令和5年答申においても、都道府県等が市町村と連携して専門人材の育成・確保に取り組む視点の重要性が指摘されている。このような状況を踏まえ、総務省では、各地方公共団体が人材育成基本方針を改正等する際の新たな指針として、「人材育成・確保基本方針策定指針」（令和5年12月22日付け総務省大臣官房地域力創造審議官・自治行政局公務員部長通知）を策定し、地方公共団体に対して、新たな指針を参考として、各地方公共団体において策定されている基本方針の改正等を含め、着実に取組を推進するよう要請している。

　こうした中、前述した専門人材確保に係る特別交付税措置の創設に加え、人材育成については、各地方公共団体が、改正後の人材育成基本方針において、特に重点的に取り組むとして明示した新たな政策課題に関する自団体職員向けの研修経費及び都道府県等が市町村職員を含めて開催する広域的な研修経費について、令和6年度から新たに地方交付税措置を講じることとしている。

(4)　地方分権改革の推進

ア　地方からの提案に関する対応方針等

　地方分権改革については、平成26年から、それまでの成果を基盤とし、地方の発意に根ざした新たな取組を推進するため、「地方分権改革に関する提案募集の実施方針」（平成26年4月30日地方分権改革推進本部決定）により、「提案募集方式」を導入している。これまで、累次にわたる、いわゆる地方分権一括法*4により、地方公共団体への事務・権限の移譲、義務付け・枠付けの見直し等を行うなど、国が選ぶのではなく、地方が選ぶことができる地方分権改革が推進されている。

　令和5年においては、176件の提案について調整がなされ、このうち154件についての対応方針が「令和5年の地方からの提案等に関する対応方針」（令和5年12月22日閣議決定）に盛り込まれた。

　本方針に盛り込まれた事項のうち、主なものは**第80図**のとおりであり、法律の改正により措置すべき事項については、所要の地方分権一括法案を第213回通常国会に提出することを基本とし、現行規定で対応可能な提案については、地方公共団体に対する通知等により明確化することとされている。

---

*4　提案募集方式の導入以降、「地域の自主性及び自立性を高めるための改革の推進を図るための関係法律の整備に関する法律」（平成27年法律第50号。いわゆる「第5次地方分権一括法」。）から「地域の自主性及び自立性を高めるための改革の推進を図るための関係法律の整備に関する法律」（令和5年法律第58号。いわゆる「第13次地方分権一括法」。）までの地方分権一括法が成立している。

第80図	令和5年の地方からの提案等に関する主な対応方針

1. 連携・協働（重点募集テーマ）
① 里帰り出産における地方公共団体間の情報連携の仕組みの構築
② 妊産婦健康診査に係る手続等の見直し及び情報連携の仕組みの構築
③ 区域外の医療機関等受診時の地方単独医療費助成制度に関する現物給付を円滑に行うための
　実施方法の明確化

2. 地域の人材（担い手）確保（重点募集テーマ）
④ 幼保連携型認定こども園の保育教諭等の資格の特例等の延長
⑤ 国、都道府県又は建築主事を置く市町村の建築物の計画通知に対する審査・検査等に係る
　指定確認検査機関の活用
⑥ 地方公務員の休暇制度において、地域社会に貢献する活動に従事することを事由とする特別休暇を
　各地方自治体の裁量により創設できることの明確化
⑦ 管理栄養士国家試験の受験資格の見直し

3. その他
⑧ 「獣医師法」（昭和24年法律第186号）に基づくオンラインによる届出の場合の都道府県経由事務の見直し
⑨ 公立学校施設整備費国庫負担事業における国庫債務負担行為の年限の見直し
⑩ 宅地建物取引業者の事業者名簿等の閲覧制度に係る対象書類の簡素化
⑪ 「生産緑地法」（昭和49年法律第68号）に基づく買取申出手続と「公有地の拡大の推進に関する法律」（昭和47年法律第66号）に基づく届出手続により重複している手続の合理化

　また、計画策定等による地方公共団体の事務負担の増大への対応については、「計画策定等における地方分権改革の推進について～効率的・効果的な計画行政に向けたナビゲーション・ガイド～」（令和5年3月31日閣議決定）を着実に運用し、国・地方を通じた効率的・効果的な計画行政を推進することとされている。

　今後とも、地方からの提案をいかに実現するかという基本姿勢に立って、地方分権改革を着実かつ強力に進めていくこととされている。

イ　地方税財源の充実確保

　地方公共団体が自らの発想で特色を持った地域づくりを進めていくためには、その基盤となる地方税財源の充実確保を図るとともに、税源の偏在性が小さく税収が安定的な地方税体系の構築を進めることが重要である。

　なお、令和6年度税制改正については、令和5年11月14日に、地方財政審議会から、「令和6年度地方税制改正等に関する地方財政審議会意見」が提出されるとともに、同年12月22日に「令和6年度税制改正の大綱」が閣議決定された。

　以上を踏まえ、地方税制の改正を行うため、第213回通常国会に「地方税法等の一部を改正する法律案」を提出している。

用語の説明

本書において（＊）を付記した用語の説明は、以下のとおりである。

地方公共団体

政令指定都市

　地方自治法（昭和22年法律第67号）第252条の19第1項の指定を受けた人口50万以上の市（札幌市、仙台市、さいたま市、千葉市、横浜市、川崎市、相模原市、新潟市、静岡市、浜松市、名古屋市、京都市、大阪市、堺市、神戸市、岡山市、広島市、北九州市、福岡市及び熊本市）をいう。

　政令指定都市では、都道府県が処理するとされている児童福祉に関する事務、身体障害者の福祉に関する事務、生活保護に関する事務、精神保健及び精神障害者の福祉に関する事務、都市計画に関する事務などの全部又は一部を特例として処理することができる。

中核市

　地方自治法第252条の22第1項の指定を受けた市（函館市、旭川市、青森市、八戸市、盛岡市、秋田市、山形市、福島市、郡山市、いわき市、水戸市、宇都宮市、前橋市、高崎市、川越市、川口市、越谷市、船橋市、柏市、八王子市、横須賀市、富山市、金沢市、福井市、甲府市、長野市、松本市、岐阜市、豊橋市、豊田市、岡崎市、一宮市、大津市、豊中市、吹田市、高槻市、枚方市、八尾市、寝屋川市、東大阪市、姫路市、尼崎市、明石市、西宮市、奈良市、和歌山市、鳥取市、松江市、倉敷市、呉市、福山市、下関市、高松市、松山市、高知市、久留米市、長崎市、佐世保市、大分市、宮崎市、鹿児島市及び那覇市）をいう。人口20万以上の市について、当該市からの申出に基づき政令で指定される。

　中核市では、都道府県が処理するとされている事務の特例として政令指定都市が処理することができる事務のうち、都道府県が処理する方が効率的な事務その他中核市において処理することが適当でない事務以外の事務、すなわち民生行政に関する事務、保健衛生行政に関する事務、環境保全行政に関する事務、都市計画等に関する事務、文教行政に関する事務などの全部又は一部を特例として処理することができる。

施行時特例市

　地方自治法の一部を改正する法律（平成26年法律第42号。以下「平成26年改正法」という。）により、平成27年4月1日より特例市制度が廃止されたが、平成27年4月1日の時点において特例市である市は施行時特例市として特例の事務を引き続き処理することとされている。

　平成26年改正法による改正前の地方自治法第252条の26の3第1項の指定を受けた市（つくば市、伊勢崎市、太田市、熊谷市、所沢市、春日部市、草加市、平塚市、小田原市、茅ヶ崎市、厚木市、大和市、長岡市、上越市、沼津市、富士市、春日井市、四日市市、岸和田市、茨木市、加古川市、宝塚市及び佐賀市）は、都道府県が処理するとされている事務の特例として中核市が処理することができる事務のうち、都道府県が処理する方が効率的な事務その他施行時特例

市において処理することが適当でない事務以外の事務、すなわち環境保全行政に関する事務、都市計画等に関する事務などの全部又は一部を特例として処理することができる。

都市

政令指定都市、中核市及び施行時特例市以外の市をいう。

なお、市となる時には、地方自治法第8条第1項で定める要件（人口5万以上を有すること等）を満たしていなければならない。

中都市

都市のうち人口10万人以上の市をいう。なお、人口は、各年度1月1日現在の住民基本台帳人口に基づく人口である。ただし、国勢調査がある年度はその数値を使用する。

小都市

都市のうち人口10万人未満の市をいう。使用する人口は中都市と同じ。

町村

地方自治法第1条の3第2項で定める普通地方公共団体のうち、都道府県及び市以外のものをいう。

なお、町となる時には、同法第8条第2項の規定により、都道府県の条例で定める町としての要件を満たしていなければならない。

特別区

地方自治法第281条第1項の規定による東京都の区のこと。現在、23の区が設置されている。

特別区は、基礎的な地方公共団体として、同法第281条の2第1項で都が一体的に処理することとされている事務を除き、同法第2条第3項において市町村が処理するものとされている事務を処理する。

一部事務組合

地方自治法第284条第2項の規定による、都道府県、市町村、特別区等が、その事務の一部を共同処理するために設ける団体のこと。

広域連合

地方自治法第284条第3項の規定による、都道府県、市町村、特別区等が、広域にわたり処理することが適切であると認めるものに関し、広域にわたる総合的な計画を策定し、処理するために設ける団体のこと。

特定被災県

「東日本大震災に対処するための特別の財政援助及び助成に関する法律」（平成23年法律第40号）第2条第2項に定める特定被災地方公共団体である9県（青森県、岩手県、宮城県、福島県、茨城県、栃木県、千葉県、新潟県及び長野県）のこと。

特定被災市町村等

「東日本大震災に対処するための特別の財政援助及び助成に関する法律第二条第二項及び第三項の市町村を定める政令」（平成23年政令第127号）の別表第1に定める特定被災地方公共団体である市町村並びに同令の別表第2及び別表第3に定める市町村のうち特定被災地方公共団体以外の227市町村のこと。

会計区分等

普通会計

地方公共団体の会計は、一般会計及び特別会計に区分して経理されており、その中には、一般行政活動に係るものと公営事業会計に係るものがある。普通会計とは、一般会計と特別会計のうち一般行政活動に係るものを一つの会計で経理されたものとみなして整理した会計の呼称。

個々の地方公共団体ごとに各会計の範囲が異なっているため、財政状況の統一的な把握及び比較が困難であることから、地方財政状況調査上、便宜的に用いられる会計区分。

一般会計等

地方公共団体の財政の健全化に関する法律（平成19年法律第94号。以下「地方公共団体財政健全化法」という。）における実質赤字比率の対象となる会計で、地方公共団体の会計のうち、公営事業会計以外のものが該当する。これは、普通会計とほぼ同様の範囲であるが、地方財政の統計で行っているいわゆる「想定企業会計」の分別（一般会計において経理している公営事業に係る収支を一般会計と区分して公営事業会計において経理されたものとする取扱い）は行わないこととしている。

公営事業会計

地方公共団体の経営する公営企業、国民健康保険事業、後期高齢者医療事業、介護保険事業、収益事業、農業共済事業、交通災害共済事業及び公立大学附属病院事業に係る会計の総称。

公営企業会計

地方公共団体の経営する公営企業の経理を行う会計。

純計決算額

各地方公共団体の決算額を単純に合計して財政規模を把握すると地方公共団体相互間の出し入れ部分について重複するため、この重複部分を控除して正味の財政規模を見出すことを純計という。特に断りのない限り、決算額は普通会計に係る地方財政の純計額をいう。

なお、都道府県決算額は全ての都道府県における決算額の単純合計である。市町村決算額は、政令指定都市、中核市、施行時特例市、都市、町村、特別区、一部事務組合及び広域連合における決算額の単純合計額から、一部事務組合及び広域連合とこれを組織する市区町村との間の相互重複額を控除したものである。

歳入

一般財源

地方税、地方譲与税、地方特例交付金等及び地方交付税の合計額。なお、これらのほか、都道府県においては、市町村から交付を受ける市町村たばこ税都道府県交付金、市町村においては、都道府県から交付を受ける利子割交付金、配当割交付金、株式等譲渡所得割交付金、分離課税所得割交付金（政令指定都市のみ）、地方消費税交付金、ゴルフ場利用税交付金、自動車取得税交付金、自動車税環境性能割交付金、軽油引取税交付金（政令指定都市のみ）及び法人事業税交付金を加算した額をいうが、これらの交付金は、地方財政の純計額においては、都道府県と市町村

との間の重複額として控除される。

一般財源等

　一般財源のほか、一般財源と同様に財源の使途が特定されず、どのような経費にも使用できる財源を合わせたもの。目的が特定されていない寄附金や売却目的が具体的事業に特定されない財産収入等のほか、臨時財政対策債等が含まれる。

地方譲与税

　本来地方税に属すべき税源を、形式上一旦国税として徴収し、これを地方公共団体に対して譲与する税。

　現在、地方譲与税としては、地方揮発油譲与税、特別とん譲与税、石油ガス譲与税、自動車重量譲与税、航空機燃料譲与税、森林環境譲与税及び特別法人事業譲与税がある。

地方特例交付金等

　個人住民税における住宅借入金等特別税額控除の実施に伴う地方公共団体の減収を補塡するために交付される個人住民税減収補塡特例交付金、中小事業者等が所有する償却資産及び事業用家屋に係る固定資産税及び都市計画税の軽減措置、生産性革命の実現に向けた固定資産税の特例措置の拡充による地方公共団体の減収を補塡するため交付される新型コロナウイルス感染症対策地方税減収補塡特別交付金から構成される国から地方公共団体への交付金。

地方交付税

　地方公共団体の自主性を損なわずに、地方財源の均衡化を図り、かつ地方行政の計画的な運営を保障するために、国税のうち、所得税、法人税、酒税及び消費税のそれぞれ一定割合及び地方法人税の全額を、国が地方公共団体に対して交付する税。地方交付税には、普通交付税と災害等特別の事情に応じて交付する特別交付税がある。普通交付税は、基準財政需要額が基準財政収入額を超える地方公共団体に対して、その差額（財源不足額）を基本として交付される。

基準財政需要額

　普通交付税の算定基礎となるもので、各地方公共団体が、合理的かつ妥当な水準における行政を行い、又は施設を維持するための財政需要を算定するものであり、各行政項目ごとに、次の算式により算出される。

　単位費用[※1]（測定単位1当たり費用）×測定単位[※2]（人口・面積等）×補正係数[※3]（寒冷補正等）

- ※1　標準的団体（人口や面積等、行政規模が道府県や市町村の中で平均的で、積雪地帯や離島等、自然的条件や地理的条件等が特異でない団体）が合理的かつ妥当な水準において行政を行う場合等の一般財源所要額を、測定単位1単位当たりで示したもの。
- ※2　道府県や市町村の行政の種類（河川費や農業行政費等）ごとにその量を測定する単位。
- ※3　全ての道府県や市町村に費目ごとに同一の単位費用が用いられるが、実際には自然的・地理的・社会的条件の違いによって差異があるので、これらの行政経費の差を反映させるため、その差の生ずる理由ごとに測定単位の数値を割増し又は割落ししている。これが測定単位の数値の補正であり、補正に用いる乗率を補正係数という。

基準財政収入額

　普通交付税の算定に用いるもので、各地方公共団体の財政力を合理的に測定するために、標準的な状態において徴収が見込まれる税収入を一定の方法によって算定するものであり、次の算式により算出される。

　標準的な地方税収入×原則として75/100＋地方譲与税等

震災復興特別交付税

東日本大震災に係る災害復旧事業、復興事業その他の事業の実施のため特別の財政需要があること及び東日本大震災のため財政収入の減少があることを考慮して、地方公共団体に対して交付する特別交付税。

国庫支出金

国と地方公共団体の経費負担区分に基づき、国が地方公共団体に対して支出する負担金、委託費、特定の施策の奨励又は財政援助のための補助金等。

都道府県支出金

都道府県の市町村に対する支出金。都道府県が自らの施策として単独で市町村に交付する支出金と、都道府県が国庫支出金を経費の全部又は一部として市町村に交付する支出金（間接補助金）とがある。

使用料

地方公共団体の公の施設の利用等の対価としてその利用者等から徴収するもの。

手数料

特定の者のために行う当該地方公共団体の事務に要する費用に充てるために徴収するもの。

歳出

目的別歳出

行政目的に着目した歳出の分類。地方公共団体の経費は、その行政目的によって、総務費、民生費、衛生費、労働費、農林水産業費、商工費、土木費、消防費、警察費、教育費、公債費等に大別することができる。

性質別歳出

経費の経済的性質に着目した歳出の分類。地方公共団体の経費は、その経済的性質によって、義務的経費、投資的経費及びその他の経費に大別することができる。

義務的経費

地方公共団体の歳出のうち、任意に削減できない硬直性が強い経費。職員の給与等の人件費、生活保護費等の扶助費及び地方債の元利償還金等の公債費からなっている。

投資的経費

道路、橋りょう、公園、学校、公営住宅の建設等社会資本の整備等に要する経費であり、普通建設事業費、災害復旧事業費及び失業対策事業費からなっている。

国直轄事業

国が、道路、河川、砂防、港湾等の建設事業及びこれらの施設の災害復旧事業を自ら行う事業。事業の範囲は、それぞれの法律で規定されている。国直轄事業負担金は、法令の規定により、地方公共団体が国直轄事業の経費の一部を負担するもの。

物件費

性質別歳出の一分類で、人件費、維持補修費、扶助費、補助費等以外の地方公共団体が支出する消費的性質の経費の総称。具体的には、職員旅費や備品購入費、委託料等が含まれる。

扶助費

　性質別歳出の一分類で、社会保障制度の一環として地方公共団体が各種法令に基づいて実施する給付や、地方公共団体が単独で行っている各種扶助に係る経費。

　なお、扶助費には、現金のみならず、物品の提供に要する経費も含まれる。

補助費等

　性質別歳出の一分類で、他の地方公共団体や国、法人等に対する支出のほか、地方公営企業法（昭和27年法律第292号）第17条の2の規定に基づく繰出金も含まれる。

繰出金

　性質別歳出の一分類で、普通会計と公営事業会計との間又は公営事業会計相互間において支出される経費。また、基金に対する支出のうち、定額の資金を運用するためのものも繰出金に含まれる。

　なお、法非適用の公営企業に対する繰出も含まれる。

公債費

　地方公共団体が発行した地方債の元利償還等に要する経費。

　なお、性質別歳出における公債費が地方債の元利償還金及び一時借入金利子に限定されるのに対し、目的別歳出における公債費については、元利償還等に要する経費のほか、地方債の発行手数料や割引料等の事務経費も含まれる。

補助事業

　地方公共団体が国から負担金又は補助金を受けて実施する事業。

単独事業

　地方公共団体が国からの補助等を受けずに、独自の経費で任意に実施する事業。

財政分析指標関係

経常収支比率

　地方公共団体の財政構造の弾力性を判断するための指標で、人件費、扶助費、公債費等のように毎年度経常的に支出される経費（経常的経費）に充当された一般財源の額が、地方税、普通交付税を中心とする毎年度経常的に収入される一般財源（経常一般財源）、減収補塡債特例分、猶予特例債及び臨時財政対策債の合計額に占める割合。

　この指標は経常的経費に経常一般財源収入がどの程度充当されているかをみるものであり、比率が高いほど財政構造の硬直化が進んでいることを表す。

形式収支

　歳入決算総額から歳出決算総額を差し引いた歳入歳出差引額。

実質収支

　当該年度に属すべき収入と支出との実質的な差額をみるもので、形式収支から、翌年度に繰り越すべき継続費逓次繰越（継続費の毎年度の執行残額を継続最終年度まで逓次繰り越すこと）、繰越明許費繰越（歳出予算の経費のうち、その性質上又は予算成立後の事由等により年度内に支出を終わらない見込みのものを、予算の定めるところにより翌年度に繰り越すこと）等の財源を控除した額。

　通常、「黒字団体」、「赤字団体」という場合は、実質収支の黒字、赤字により判断する。

単年度収支

実質収支は前年度以前からの収支の累積であるので、その影響を控除した単年度の収支のこと。具体的には、当該年度における実質収支から前年度の実質収支を差し引いた額。

実質単年度収支

単年度収支から、実質的な黒字要素（財政調整基金への積立額及び地方債の繰上償還額）を加え、赤字要素（財政調整基金の取崩し額）を差し引いた額。

標準財政規模

地方公共団体の標準的な状態で通常収入されるであろう経常的一般財源の規模を示すもので、標準税収入額等に普通交付税を加算した額。

なお、地方財政法施行令（昭和23年政令第267号）附則の規定により、臨時財政対策債の発行可能額についても含まれる。

実質赤字比率

当該地方公共団体の一般会計等を対象とした実質赤字額の標準財政規模に対する比率。福祉、教育、まちづくり等を行う地方公共団体の一般会計等の赤字の程度を指標化し、財政運営の悪化の度合いを示す指標ともいえる。

連結実質赤字比率

公営企業会計を含む当該地方公共団体の全会計を対象とした実質赤字額及び資金の不足額の標準財政規模に対する比率。

全ての会計の赤字と黒字を合算して、地方公共団体全体としての赤字の程度を指標化し、地方公共団体全体としての財政運営の悪化の度合いを示す指標ともいえる。

実質公債費比率

当該地方公共団体の一般会計等が負担する元利償還金及び公営企業債の償還金に対する繰出金などの準元利償還金に係る実質的な公債費相当額[※1]の標準財政規模を基本とした額[※2]に対する比率の過去3か年の平均値。

借入金（地方債）の返済額及びこれに準じる額の大きさを指標化し、これらが財政運営に与える影響の度合いを示す指標ともいえる。

地方公共団体財政健全化法の実質公債費比率は、起債に協議を要する団体と許可を要する団体の判定に用いられる地方財政法（昭和23年法律第109号）の実質公債費比率と同じ。

※1 元利償還金（繰上償還金等を除く。）及び準元利償還金の合計額から、これらに充当された特定財源及び元利償還金等に係る基準財政需要額算入額を控除した額。

※2 標準財政規模から元利償還金等に係る基準財政需要額算入額を控除した額。

将来負担比率

公営企業や地方公社、損失補償を行っている出資法人等に係るものも含め、当該地方公共団体の一般会計等が将来負担すべき実質的な負債[※1]の標準財政規模を基本とした額[※2]に対する比率。

地方公共団体の一般会計等の借入金（地方債）や将来支払っていく可能性のある負担等の現時点での残高を指標化し、将来財政を圧迫する可能性の度合いを示す指標ともいえる。

※1 一般会計等の将来負担額から財政調整基金や元利償還金等に係る基準財政需要額算入額などの充当可能財源等を控除した額。

※2 標準財政規模から元利償還金等に係る基準財政需要額算入額を控除した額。

健全化判断比率

実質赤字比率、連結実質赤字比率、実質公債費比率及び将来負担比率の4つの財政指標の総称。地方公共団体は、この健全化判断比率のいずれかが早期健全化基準又は財政再生基準以上となった場合には、財政健全化計画又は財政再生計画を策定し、財政健全化団体又は財政再生団体として、財政の健全化を図らなければならない。

健全化判断比率は、財政の早期健全化等の必要性を判断するものであるとともに、他団体と比較することなどにより、当該団体の財政状況を客観的に表す意義を持つ。

地方財政計画等

地方財政計画

内閣が作成する、翌年度の地方公共団体の歳入歳出総額の見込額に関する書類のこと。

地方財政計画には、(1) 地方交付税制度とのかかわりにおいての地方財源の保障を行う、(2) 地方財政と国家財政・国民経済等との調整を行う、(3) 個々の地方公共団体の行財政運営の指針となる、という役割がある。

地方債計画

地方財政法第5条の3第11項に規定する同意等を行う地方債の予定額の総額等を示した年度計画。

減収補塡債（特例分）

地方税の収入額が標準税収入額を下回る場合、その減収を補うために発行される地方債。地方財政法第5条に規定する建設地方債として発行されるものと、建設地方債を発行してもなお適正な財政運営を行うにつき必要とされる財源に不足を生ずると認められる場合に、同条の特例として発行される特例分がある。

臨時財政対策債

地方一般財源の不足に対処するため、投資的経費以外の経費にも充てられる地方財政法第5条の特例として発行される地方債。

通常収支の財源不足額のうち、財源対策債等を除いた額を国と地方で折半し、国負担分は一般会計から交付税特別会計への繰入による加算（臨時財政対策加算）、地方負担分は臨時財政対策債により補塡することとされている。

なお、臨時財政対策債の元利償還金相当額については、その全額を後年度地方交付税の基準財政需要額に算入することとされている。

一般行政経費

地方財政計画上の経費の一区分。教育文化施策、社会福祉施策、国土及び環境保全施策等の諸施策の推進に要する経費をはじめ、地方公共団体の設置する各種公用・公共用施設の管理運営に要する経費等、地方公共団体が地域社会の振興を図るとともに、その秩序を維持し、住民の安全・健康、福祉の維持向上を図るために行う一切の行政事務に要する経費から、給与関係経費、公債費、維持補修費、投資的経費及び公営企業繰出金として別途計上している経費を除いたものであり、広範な内容にわたっている。

地方一般歳出

地方財政計画において、歳出のうち公債費（公営企業繰出金中の企業債償還費普通会計負担分を含む。）及び不交付団体水準超経費を除いたもの。

債務負担行為

複数年度にわたる建設工事、土地の購入等翌年度以降の経費支出や、債務保証又は損失補償のように債務不履行等の一定の事実が発生したときの支出を予定するなどの、将来の財政支出を約束する行為。

地方自治法第214条及び第215条の規定により、予算の一部を構成することとされている。

財政調整基金

地方公共団体における年度間の財源の不均衡を調整するための基金。

減債基金

地方債の償還を計画的に行うための資金を積み立てる目的で設けられる基金。

その他特定目的基金

財政調整基金、減債基金の目的以外の特定の目的のために財産を維持し、資金を積み立てるために設置される基金。具体的には、庁舎等の建設のための基金、社会福祉の充実のための基金、災害対策基金等がある。

公営企業等

公営企業（法適用企業・法非適用企業）

公営企業とは地方公共団体が経営する企業であり、地方公営企業法の全部又は一部を適用している事業を法適用企業、公営企業であって法適用企業以外のものを法非適用企業としている。

地方公営企業法において、上水道、工業用水道、軌道、鉄道、自動車運送、電気（水力発電等）、ガスの7事業については全部の規定、病院事業については、財務規定等の適用が義務付けられている。その他の事業については、条例で地方公営企業法の全部又は財務規定等を適用することが可能となっている。

公営企業の経理は特別会計を設けて行うこととされており、法適用企業は、地方公営企業法に基づき発生主義・複式簿記による企業会計方式により経理が行われ、法非適用企業は、一般会計と同様、地方自治法に基づき現金主義・単式簿記による財務処理が行われる。

地方公営企業決算状況調査においては、法適用企業は地方公営企業法の全部又は財務規定等を適用している事業とし、法非適用企業は地方財政法第6条に基づきその経理を特別会計を設けて行っている同法施行令第46条に掲げる事業並びに有料道路事業、駐車場整備事業及び介護サービス事業で、法適用企業以外のものとしている。

損益収支

公営企業の経営活動に伴い、当該年度内に発生した収益とそれに対応する費用の状況。

法適用企業の経営状況を表すものには、純損益、経常損益、総収支比率、経常収支比率等がある。

純損益とは、総収益から総費用を差し引いた額をいい、当該年度の総合的な収支状況を表す。

総収益が総費用を上回る場合の差額が純利益であり、逆に総費用が総収益を上回る場合の差額が純損失である。

経常損益とは、純損益から固定資産売却益等の臨時的な収益（特別利益）や、固定資産売却損等の臨時的な費用（特別損失）を除いたものをいい、当該年度の経営活動の結果を表す。経常収益が経常費用を上回る場合の差額が経常利益であり、逆に経常費用が経常収益を上回る場合の差額が経常損失である。

総収支比率とは総費用に対する総収益の割合、経常収支比率とは経常費用に対する経常収益の割合であり、それぞれ100％を下回ると費用が収益を上回っている状態を意味することになる。

資本収支

公営企業の設置目的である住民へのサービス等の提供を維持するため及び将来の利用増等に対処して経営規模の拡大を図るために要する諸施設の整備、拡充等の建設改良費、これら建設改良に要する資金としての企業債収入、企業債の元金償還等に関する収入及び支出の状況。

収益的収入

公営企業の経営活動に伴い発生する料金を主体とした収益。

資本的収入

建設投資などの財源となる企業債、他会計繰入金、国庫（県）補助金などの収入。

資金不足額

公営企業ごとに資金収支の累積不足額を表すもので、法適用企業については流動負債の額から流動資産の額を控除した額を基本として、法非適用企業については一般会計等の実質赤字額と同様に算定した額を基本としている。

資金不足比率

資金不足額の事業の規模に対する比率。

公営企業の資金不足を、公営企業の事業規模である料金収入の規模と比較して指標化し、経営状態の悪化の度合いを示す指標ともいえる。

資金不足比率が、経営健全化基準以上である地方公共団体は、経営健全化計画を策定※し、経営健全化団体として、当該公営企業の経営の健全化を図らなければならない。

※　当該年度の前年度の資金不足比率が経営健全化基準未満である場合等を除く。

公営企業型地方独立行政法人

地方独立行政法人※のうち地方独立行政法人法（平成15年法律第118号）第21条第3号に掲げる業務（水道事業（簡易水道事業を除く。）、工業用水道事業、軌道事業、自動車運送事業、鉄道事業、電気事業、ガス事業又は病院事業）を行う法人をいう。

公営企業型地方独立行政法人の経理は、地方独立行政法人法に基づき発生主義・複式簿記による企業会計方式により行われる。

※　地方独立行政法人法第2条第1項に規定される、公共上の見地から確実に実施する必要のある事務・事業のうち、地方公共団体自身が直接実施する必要はないが、民間に委ねては実施が確保できない可能性があるものを効率的かつ効果的に行わせる目的のために地方公共団体が設立する法人。

第三セクター等

第三セクター等とは、次の法人をいう。

（ア）第三セクター

a　社団法人・財団法人（「一般社団法人及び一般財団法人に関する法律」（平成18年法律第48号）等の規定に基づいて設立されている一般社団法人及び一般財団法人（公益社団法人及び公益財団法人を含む。）並びに特例民法法人）のうち、地方公共団体が出えんを行っている法人

b　会社法法人（「会社法」（平成17年法律第86号）等の規定に基づいて設立されている株式会社、合名会社、合資会社、合同会社及び特例有限会社）のうち、地方公共団体が出資を行っている法人

（イ）地方三公社

地方住宅供給公社、地方道路公社及び土地開発公社

公営企業等

地 方 財 政 白 書　　　（令和6年版）

令和6年4月15日　発行　　　　　　定価は表紙に表示してあります。

編　集　　　総　　務　　省
〒100-8926
東京都千代田区霞が関2-1-2

発　行　　　日 経 印 刷 株 式 会 社
〒102-0072
東京都千代田区飯田橋2-15-5
TEL 03 (6758) 1011

発　売　　　全 国 官 報 販 売 協 同 組 合
〒105-0001
東京都千代田区霞が関1-4-1
日　土　地　ビ　ル　1　F
TEL 03 (5512) 7400

落丁・乱丁本はお取り替えします。

ISBN978-4-86579-408-3